新媒体环境下英语教学模式创新研究

苏 洁 王惠欣 唐慧利 ◎著

中国出版集团 现代出版社

图书在版编目（CIP）数据

新媒体环境下英语教学模式创新研究 / 苏洁，王惠欣，唐慧利著. -- 北京 : 现代出版社，2021.8
ISBN 978-7-5143-9457-3

Ⅰ. ①新… Ⅱ. ①苏… ②王… ③唐… Ⅲ. ①英语－教学模式－教学研究 Ⅳ. ①H319.3

中国版本图书馆 CIP 数据核字(2021)第 179877 号

新媒体环境下英语教学模式创新研究

作　　者　苏　洁　王惠欣　唐慧利
责任编辑　刘全银
封面设计　白白古拉其
出版发行　现代出版社
地　　址　北京市朝阳区安外安华里504号
邮　　编　100011
电　　话　010-64267325　64245264(传真)
网　　址　www.1980xd.com
电子邮箱　xiandai@cnpitc.com.cn
印　　刷　北京四海锦诚印刷技术有限公司
版　　次　2023年6月第1版　2023年6月第1次印刷
开　　本　185 mm×260 mm　1/16
印　　张　10
字　　数　222千字
书　　号　ISBN 978-7-5143-9457-3
定　　价　48.00元

前 言

当今社会，人与人的交往已不再是以往的本地区的人际交流，第二语言正在成为高效的跨文化交流必不可少的工具。多媒体教学是以信息量广、方式灵活的特点向学习者进行音、视频信息输入的，有着诸多优点。但多媒体教学仍然表现出单向性，即学习者只是作为信息的接收者被动地学习，没有涉及互动。随着网络技术的成熟，运用新媒体进行英语教学，如微博、微信、云课堂等，给多媒体教学注入了新的活力。这一新兴教学模式注定要给师生们带来实质性的效益，前景无限光明。随着以网络和多媒体为核心的信息时代的到来，当今世界已经进入信息化的社会。特别是 20 世纪 80 年代以来，以计算机多媒体、电化教学，网络技术为代表的教育技术在教学中广泛运用。目前，各个国家都把实现现代教育技术看成教学改革的突破口和制高点。

任何社会的教育都是历史和时代相结合的产物，任何形式的教育都离不开科学技术的支持与引领。当信息对人们来说已不再陌生，并全方位地进入人们的日常生活中，网络多媒体技术与信息的相融已成为信息时代的支柱，建构起了新世纪、新科技的伟大景观。在教育领域，网络多媒体技术讯速向高等教育延伸，其应用于教学领域改变了传统的教学模式，探索新的教学模式，这在大学英语教学中体现得尤为明显。将网络多媒体技术与大学英语教学相结合，构建基于网络多媒体的大学英语教学模式，不仅促进了教学手段的改革和教学观念的转变，还极大地开拓了学生的视野，激发了学生的学习兴趣和积极性。为了提高教学质量，教师与研究者创建了基于新媒体的英语教学环境来帮助学习者更好地掌握第二语言。然而，我们注意到，在以往的研究中关于新媒体教学环境下的学习成果的系统研究较少。因此，本书将主要研究新媒体环境下的英语教学，从而更好地适应时代需求，进一步深化新媒体在英语教学中的应用。

目 录

第一章 新媒体背景下的大学英语教学改革

大学英语教学一直处于不断地改革和变化之中，经过多年的发展，我国在这个领域也取得了不错的成就。时代的进步和发展对大学生英语水平的要求越来越高。因此，本章重点探讨新媒体时代背景下的大学英语教学改革。

第一节 大学英语教学改革综述

一、大学英语教学改革的基本原则

任何一种改革都是建立在一定条件的基础上的，大学英语教学改革也不例外。下面主要介绍大学英语教学改革的原则。

（一）以学生为中心原则

学生是一切教学活动的中心，因此在大学英语教学改革中，要始终坚持以学生为中心的原则。自由是人类的天性，在教育中尊重这种天性，有利于学生的成长和发展。“儿童中心论”体现了学生是主体的思想，要求教学活动遵循自然规律。换言之，教师要始终围绕学生展开教学活动，根据学生的需求进行教学。只有充分掌握了学生的心理和需要，才能有的放矢地进行教学设计，调整教学策略，才能更好地适应学生的需要，使学生的主体作用得以充分发挥。在这样一个过程中，教师把控过程并提供自己的经验，培养学生的自主学习能力，让其摆脱以往被动接受的状态。为了达到这个目的，教师可以采取以下措施。

第一，从教学方案上看，教师要根据学生的实际水平来制定教学方案，力求教学方案能与学生的语言接受和运用能力相匹配。

第二，从教材内容上看，教师要结合学生自身的特点和需求选取教材内容，并在教学过程中进行动态调整。

第三，从备课上看，教师必须给予高度重视，精心备课，设计合理、有效的教学流程，并在实践中不断优化，这样才能很好地处理一些突发状况，使课堂教学顺利进行。

第四，从教学方法上看，教师可以从学生的实际需求出发，寻求合适的教学方法，以此来激发学生的学习兴趣，调动学生的学习积极性。

第五，从教学过程中的引导来看，教师必须重视自身的引导作用，当学生在学习过程中遇到难题时提供及时的指导和帮助，在其取得进步时给予肯定，这样有利于学生在学习中维持一种良好的情绪。

（二）循序渐进原则

事物的发展都需要一个循序渐进的过程，英语教学也不例外。学生在学习英语时必经的过程为：从简单到复杂，从容易到困难，从表面理解到内部消化。只有经历了这样一个过程，学生才能掌握所学的知识，并且能够灵活地运用所学知识。因此，英语教学必须按照循序渐进的原则来开展。具体的过程如下。

1. 口语向书面语过渡

在语言学习过程中，学生一般从口语学习开始，经过一段时间之后再学习书面语。这种规律源于语言的发展史，因为人类在历史中先学会了说话，然后才学会了写字，口语的出现远远早于文字。英语也有口语和书面语，由上面的论述可知，首先是口语的学习，其次是书面语。因此，学生在学习英语的过程中，应该遵循从听说（口语）到读写（书面语）的过程。

另外，相较于书面语，口语涉及的词汇简单易懂且更趋于生活化，句式也较为简单，学生在学习过程中会感到比较容易。这样，学生可以通过口语的学习来提升对日常用语的运用能力，使交际能力得到一定程度的提升。

2. 听、说技能向读、写技能过渡

在学习的技能方面，主要涉及听、说、读、写。教师在对学生这四方面的能力进行培养时，要从听、说技能开始培养，然后是读、写技能。之所以要确定这样一个顺序，是因为学生在具备一定的听、说技能之后，能够掌握正确的发音以及基本的词汇和句式，这有助于读、写技能的培养。因此，在学生英语学习的初级阶段，教师要按照这种循序渐进的方式进行教学。

3. 各种能力不断强化

英语能力的提高并不是一蹴而就的，具有螺旋式上升的特征，往往需要经过多次训练才能提高。教师在教学过程中要从学生熟悉的知识和技能入手，逐步进行新知识的传授，对学生进行新技能的培养，达到以旧带新的效果。

（三）兴趣原则

兴趣是最好的老师。作为一种调动学生学习积极性的强大动力，对学生来说，兴趣和英语学习的成功与否有着很大的关系。从我国的英语教学现状看，学生在英语学习过程中的积极性和主动性普遍不高。而事实却是，很多学生最初对此并不排斥，因为人都有向往新鲜事物的本能，英语是一种他国语言与文化的载体，很多学生对英语的学习其实有一种天然的兴趣和好奇。由于教学中出现的种种问题，他们丧失了这种兴趣，以至于他们的英语水平始终不能提高。因此，必须激发学生的学习兴趣。只有学生的学习兴趣得到了激发，他们才能拥有更大的英语学习动力，这样就能事半功倍，获得理想的教学效果。为了做到这一点，教师应注意以下几个方面。

1. 观察学生的兴趣所在

只有清楚了学生的兴趣点，教师才能制订合理的教学方案，激发学生的兴趣，增强其学习动力。

2. 善于发现学生取得的进步

对于学习中进步的学生，教师要给予及时的表扬和鼓励，这种方式能极大地增强学生的自信，从而使他们产生学习兴趣。

3. 加强与学生的沟通交流

实践经验表明，学生是否喜爱一门课程与教师有着较大的关系，擅长与学生互动并且能活跃气氛的教师更易让学生对其所教授的课程产生兴趣。

4. 注重教学方法的创新

学生是否具有较大的学习兴趣，在很大程度上取决于教师的教学方法。因此，为提高学生的学习兴趣，教师很有必要不断地创新教学方法。学生若在学习中取得了比较满意的学习效果，这将进一步提高其学习兴趣。

5. 引入形成性评价

教师在教学过程中要注重对教学评价的方式进行完善。形成性评价能够增强学生对学习过程的重视，提升学生学习的成就感和乐趣，进而提高他们学习的积极性。

（四）灵活性原则

要使学生对语言的学习产生兴趣，教师就要注重教学时的灵活性。要落实灵活性原则，教师可以从以下三个方面入手。

1. 运用灵活的教学方法

灵活的教学方法是指教师结合不同的教学内容，根据学生的实际情况，在语言知识和语言技能的教学上因需施教。

2. 引导学生采用灵活的学习方法

灵活的学习方法是指在教师的引导下，学生积极探索适合自己的自主学习模式，在遵循英语语言学习规律的同时，也符合自身的生理和心理特点。这样能够充分发挥学生的积极性和主动性，实现学生的自我引导和自我激励，使学生在不断的尝试中总结经验，最终提升学习效率。

3. 灵活使用英语组织课堂

语言是人们进行交流与沟通的基础，因此教师在教学过程中要从自身做起，尽量用英语授课，为学生营造一个灵活使用英语的氛围，从而发挥良好的带动作用。此外，教师还可以尽可能多地组织相关活动，或布置有针对性的作业，为学生提供更多的机会去使用英语，达到灵活使用英语的教学目的。

（五）交际原则

学习语言的最终目标是与人沟通，进行交际。因此，英语教学改革要坚持交际性原则，这样，学生才能学以致用。教师具体要做到以下几点。

1. 正确理解英语教学的性质

教师要对英语教学的性质有较为深入的理解，这是坚持交际原则的前提。英语教学涉及对学生听、说、读、写等各项技能的培养，包含教、学、用三个方面，三者构成了一个整体，其中最重要的是“用”。英语交际能力需要在实践中进行培养，如果在教学活动中重理论轻应用，那么学生的英语运用水平就难以提高。因此，教师在教学过程中要注重加强学生对英语的使用。

2. 将英语作为交际工具来教、学、用

英语教学的目的在于让学生学会利用这种语言进行交际。因此，交际原则的重点是教会学生运用交际工具。因为交际能力需要在具体的运用中进行培养，因此在教学活动中，教师要注重英语的交际性特征，让学生将其作为一种交际工具去掌握。

在英语教学过程中，教师要始终坚持英语的交际性原则，尽可能地使课堂教学变成一个小型的英语交际场所。这就要求教师除教授基本的英语知识之外，还要注重对学生英语交际能力的培养。教师可以创新教学方法，进行情景教学，锻炼学生的英语交际能力。这样能提高学生对英语的学习兴趣，还能让学生体会到英语的用处，一举两得。

3. 教学内容与活动的选择要贴近生活

学习语言，最终都是为了服务于生活。因此，英语教学要注重联系生活。在教学内容的选取上，教师要善于将教学内容与学生关心的问题相结合，最大限度地提供贴近学生生活的教学素材。这样能够引起学生的共鸣，激发他们的学习兴趣。久而久之，学生就能对英语学习产生较深刻的认识，学习英语对他们来说就不再只是为了应付考试，更多的是为了以后生活中的交际。

4. 在教学中创设交际情景

培养学生的英语交际能力，就是让学生知道在什么场合该说什么样的话。为达到这个目的，教师在进行课程设计时要创设不同的交际情景，综合考虑多项因素。在英语对话情景中，如果讲话者语气发生变化，语句的意思也有可能随之发生变化。例如，“Can you tell me the time?”当讲话者用正常语气时，是在询问时间；如果是用一种生气的口吻讲出，则表达的是对他人迟到的不满。因此，交际情景的创设能够让学生置身于一种特定的语境之中，有助于其充分表达自己的所思所想。因此，教师在英语教学过程中不能仅局限于英语教材，还要注重各类交际活动的开展。

（六）系统原则

在英语教学改革中，还应该遵守系统原则。坚持系统原则，对学生有以下帮助：首先，能让学生对所要学习的内容有相对系统和完整的印象；其次，能帮助学生有效串联新旧知识；最后，有助于学生对已学内容的记忆和消化。坚持系统性原则，教师应做到以下几点。

第一，系统地安排教学工作。对于教学工作，教师应有一定的安排和计划。在备课方面，要对教学的时间进行全面、合理的安排；在内容的讲解上，要由浅入深，做到层次分明、重点突出，最重要的是前后连贯；在教学顺序上，要从简单到复杂，符合学生对语言的掌握过程；在课堂练习方面，要按照先训练练习后检查练习的顺序，还要注重练习的体系性；在家庭作业的布置上，要紧密结合课堂上教授的内容，明确作业布置下去后需要达到的目的；最后是关于对学生的考查问题，教学的目的是让学生掌握一定的知识和技能，为了解学生的掌握情况，教师要记录学生在平时课堂上的表现，这既有利于学生的进步，也能帮助教师了解自身的教学效果，这些也可以作为教师对学生平时成绩评定的依据。

第二，系统地安排教学内容。在英语教学活动中，教师要有计划地安排教学内容，明确教学的顺序。可以根据教材的编写特点以及所带班级的具体情况，来合理安排教学内容。对于某个问题的讲述，不能急于求成、硬性灌输，要善于循序渐进、分步讲解。

第三，系统地安排学生的学习。学生的学习离不开教师的指导，教师要使学生养成一种好的学习习惯，做到持之以恒，防止学生出现三天打鱼两天晒网的不良学习状态。引导学生正确地看待平时学习与考试复习之间的关系，注重平时的学习和训练，避免平时不努力考前抱佛脚的情况发生。另外，教师要根据学生的特点做到因材施教，做好对学生学习方法的引导。

（七）关注情感的教育性原则

除以上原则外，在英语教学改革中还要坚持关注情感的教育性原则。此项原则要求教师从以下两方面做起。

第一，营造良好的教学环境。具体可以从以下两方面入手：①建立友好的师生关系。教师和学生之间应该做到互相尊重、理解和信赖。教师要做好双重角色，对学生来说，学习时教师是指导者，生活中教师是朋友。这就要求教师既要保持威望，又要亲切。在教学过程中，教师要时刻关注学生的学习动态，在其遇到困难和问题时，及时给予帮助和指导。在生活中，教师要关注学生的思想动态，在必要时给予学生朋友般的关怀。②营造轻松的学习氛围。兴趣是最好的老师，对学生学习兴趣的培养有助于增强其学习动力，有助于其潜能的开发，提高其学习效率。因此，教师在教学中要注重对学生英语学习兴趣的培养，并使这种兴趣保持下去。此外，还应激发学生的学习动机。如果学生不具备较强的学习动机，就会影响到英语教学，达不到教学的预期效果。

第二，让学生产生积极的情感。要做到这一点，可以采取以下措施：①在学习内容中加入情感话题的讨论。这就要求教师在日常教学活动中增加情感投入，在学生遇到困难和问题时，给予学生有针对性的指导，并使学生形成良好的情感态度。②加强与学生的情感交流。教师在教学过程中要建立起与学生进行情感交流的渠道，营造融洽、和谐的课堂氛围，针对不同的情感态度采取不同的讨论方式，如有些可以进行集体讨论，有些只能单独探讨，并且在讨论中教师要留意学生的感受，保护其自尊心。此外，除了外在的情感表现形式外，教师还要注意学生内在的情感表现。因此，教师要在平时对学生进行观察，及时了解其情感态度，并促进其积极情感的形成，避免消极情感的出现和蔓延，促进学生健康人格的发展。

二、大学英语教学改革的理论依据

面对社会发展和教学改革不断提出的新挑战，以及全面推进素质教育的高涨呼声，外语教师或教学研究人员除了要熟知基本的外语教学理论和技术外，还要对外语的教与学有更深入的研究，借助不断发展的相关理论，使外语教学更有教育性、更能促进学生取得学习成效，使学生素质全面提高。大学英语教学改革与创新主要涉及近些年不断发展、在外语教学中极具应用潜力的一些理论。

（一）认知理论

认知理论源于认知语言学，认知语言学探讨认知科学以及语言学，是一种新兴的边缘性学科。自20世纪90年代以来，认知语言学在中国得到了快速发展，对教学诸多领域有着较深远的影响。认知语言学所提出的主要概念和研究对象有理想化认知模型、基本范畴、隐喻认知结构、象似性、原型、图式、辐射范畴等，其中被应用于英语教学的有基本范畴、隐喻认知结构、象似性、图式等。

1. 基本范畴

客观事物纷乱复杂，人们为了记忆这些事物，就必须对这些事物进行判断、分类和储存，这就构成了许多范畴。位于同一范畴里的不同事物并不都是位于同一层面，因此就会出现有些事物易于被人们感知，这类能被迅速感知的范畴称为基本范畴。其特点如下：①处于基本范畴内的事物与外部事物存在明显的区别，这种区别使之得以快速被感知；②往往具有表达简洁、被经常使用的中心词；③这些事物能够最先被人类认识，并进行掌握和记忆。因此，在词汇教学过程中，教师要先教授基本范畴内的词汇，在此基础上再深入其他范畴的词汇教学。学生只有掌握了这些基本范畴的词汇，才能更好地理解和掌握其他范畴的词汇，以此提高英语水平。

2. 隐喻

隐喻不仅是人们熟知的一种修辞手法，也代表着一种思维方式和概念体系。人们通过对一种已知事物的认识和理解来表达对另外一种事物的认知，即为隐喻，这也是人们具备的基本思维特征。因此，人们通常会用隐喻的方式来构建自己的概念系统。一般隐喻具有以下两种意义：①在日常生活中顺应人们的需要而产生的；②在语言的长期运用中形成的一种约定俗成的意义。隐喻思维在教学中的作用是其可以帮助学生透过现象看本质，即通过语言的表层去领悟语言所体现出来的思维特点和概念模式，从而能够将某些看似互不关联的词语与其反映的底层概念结构联系起来，进而掌握语言形式背后的那些概念理据。

3. 图式理论

通过感知的相互作用和运动程序获得的对事物经验头脑中已存的图式、已知的概念，过去的经历及背景知识给以连贯循环出现的动态模式。所谓“图式”，实质上就是每个人过去所获取的知识在头脑中储存的方式。图式是大脑对过去经验的反映或积极组织，是被学习者储存在记忆中的信息对新信息起作用，并对这些新信息丰富加工转存到学习者大脑的过程。图式也是一种储存于大脑的抽象的包含空当的知识结构，每个组成成分可以构成一个空当，当图式的空当被学习者新接收的具体信息填充和丰富时，图式便产生了。

阅读图式分为语言图式、内容图式和形式图式三类。在实际的教学过程中，语言图式要求教师能为学生扫清语言学习中的障碍，并对不同文章的语篇结构和类型有较为深入的认识和理解；内容图式是指读者对文章所讨论主题的熟悉程度；形式图式是指读者对文章体裁的了解程度。如果读者在阅读中能利用图式理论指导阅读，那么其将能更好地把握文章的内涵和整体脉络，达到最佳的阅读效果。

4. 距离象似性

距离象似性的基本含义是概念距离越小语言形式上的距离也更为接近。其认知基础为：邻近的概念与相关的思想较易被激活，在心智上也就更倾向于被放在一起处理。该理论在英语学习中具有重大的实践意义，既有助于学生对语法知识的理解，又有助于学生更得体和礼貌地使用语言，达到灵活运用英语进行交际的最终目的。自索绪尔提出语言符号任意性原则以来，任意性便被视为一种人类语言的本质特征。然而随着认知语言学的不断发展，任意性原则逐渐被推翻，语言象似性原则得到了广泛认可，并引起了不少学者的关注和研究。其中，认识语言学家王寅将其定义为“语言符号在音、形或结构上与其所指之间存在映照性相似的现象”。语言的象似性是一个相对概念，与其相对的是语言的任意性。

英语学习的目的不仅在于掌握语言知识，最主要的是能够运用于交际之中。因此，很有必要探讨交际中英语这种语言体现出来的距离象似性以及体现出来的原则。

（1）语言得体性与礼貌原则

在交际中应该遵循的最高原则就是语言得体性原则。语言的得体性中体现着距离的象似性。有的时候，发话人用的语气越客气，其涉及的语言结构就会越趋于复杂，包含的信息量会越大。例如，“tell me the time”和“Could you possibly tell the time?”光从字面意思来看，两句都表达了“告诉我时间”的意思，但第二句比第一句的句式要复杂，第一句用于关系密切的朋友之间，第二句用于关系比较疏远的交流双方之间。总体上说，第二句显得更加得体。

（2）距离象似性对得体性和礼貌程度的影响

在英语的许多表达语中都体现了距离象似性原则。此外，距离象似性也能通过委婉的语气来体现。无论是哪种语言，委婉语的表达都比直接语更加复杂和冗长。使用委婉语的目的是让话语接收者远离事实。当使用语言来表达一种礼貌时，会和句式产生密切的联系。语言表达方式的不同往往意味着礼貌程度的不同。抛开语境的作用，单从语言形式本身的角度来看，语言的符号越多，其代表的社会距离越大，表现出来的礼貌程度也会越高。

但是，在具体使用语言时，不得不考虑语言交际所处的情境。关系越密切，社会距离缩小，话语越简短。语言的象似性揭示了人类的普遍认知规律和语言内部结构之间的关系。

（二）建构主义理论

自20世纪90年代以来，建构主义一直是一种具有很大影响力的学术思想，具有“当代教育心理学中的一场革命”的美称。建构主义理论的核心观点是外部世界是客观存在的，但人们可以通过自己的理解来赋予其意义，个体可以通过已有的知识来对其进行构建。由于个体的差异性，构建的世界也存在差异。建构主义理论强调在个体本身的经验和背景的基础上对客观存在的事物进行主观上的理解和建构，强调学习过程，反对简单传授。

1. 社会建构主义

个人建构主义认为，个体一出生便开始积极地从自身经验中建构个人意义，即建立其对世界的理解。这一理论强调“个人”的发展和经验，忽视人为干预和直接教育的作用，忽视“社会”环境的作用，因此具有局限性。此部分所建立的理解教学过程的基础是社会建构主义模式。这一模式的要义在于学习者并不是通过教师的传授而获得知识，而是通过教师和学习伙伴的帮助，并结合必要的资料进行建构而得。在建构主义理论中，“情境”“会话”“协作”“意义建构”四者共同构成了学习环境。

建构主义倡导教学应以学生为中心，教师在教学过程中要发挥好组织者、指导者、帮助者和促进者的作用，并采取一些手段来充分调动学生的学习积极性，培养学生的创新精神，使学生对当前所学的知识进行有效的建构。

2. 最近发展区理论

学习的有效与否取决于学生和其中介人之间交流互动的质量。维果斯基还做出了一个重要的贡献，就是提出了“最近发展区”理论。最近发展区是指比儿童现有知识技能略高出一个层次，经他人协助后可达到的水平。其中的“他人”指成年人或者能力强于他的同伴，儿童与这些人多进行交流和互动，是其进入下一个发展区的最好办法。这种理论体现了一种积极的思想，即当学生在学习过程中遇到困难时，可以借助教师或同学的帮助来攻克难关，从而进入新的学习阶段。

建构主义提倡的主要教学方法有三种，分别是随机进入教学、支架式教学和抛锚式教学。随机进入教学顾名思义就是学习者可以随意选择进入同样教学内容的途径和方式，并建立对同一事物或同一问题的多种认识与理解。支架式教学要求教学为学习者提供一种概念框架，学习者以此来完成对知识的建构。因此，教师在教学过程中要先对比较复杂的学习任务进行分解，逐步引导学习者进行更加深入的理解。支架式教学由搭脚手架、进入情境、独立探索、协作学习、效果评价几个环节组成。抛锚式教学也称为“实例式教学”，是指教师在教学过程中选取一些极具感染力和代表性的实例进行讲解，以使学生深刻地理解某一事物的性质、规律及其与其他事物之间的关联。抛锚式教学包括创设情境、确定问题（形象地说，就是“抛锚”）、随机进入学习思维发展训练、小组协助学习、学习效果评价几个环节。

（三）二语习得理论

这里重点介绍输入假设理论。

20 世纪 80 年代，克拉申（Krashen）提出了“输入假设理论”。这个理论由五个相互连接的“假设”组成：输入假设、习得 / 学习假设、监控假设、自然顺序假设、情感过滤假设。克拉申认为，学习者所接受的输入语言必须满足下面三个条件，语言习得才有可能发生：①可理解的输入；②包含已知的语言成分；③包含略高于已知的语言水平的成分。只有学习者接触到可理解的语言输入，即略高于其现有语言水平的第二语言输入，而其又能把注意力集中于对意义或信息的理解，而不是对形式的理解，才能产生习得。如果现有语言水平为 i，能促进其习得的是“i+1”的输入。

互动假说是迈克尔・朗（Michael Long）在克拉申提出的“输入假设理论”的基础上提出的，并被广泛认为是输入假设理论的扩展和延伸。迈克尔・朗关注这些输入如何变得可理解，即交际双方为使交流顺利进行而进行的交互调整（modified interaction），语言输入在互动中通过澄清请求、理解检查、重复证实，其理解性会增强，语言输入也会更成功。这一理论也为讨论式教学、课堂交际活动提供了理论支持。在课堂教学中，要使学生获得更多的可理解性语言输入，教师就必须尽可能多地创造出为实现交际目的而使用语言的机会，以便让学生接触到更多可听懂的语言输入。

三、英语教学的现状

目前，我国在公共英语教学中出现了一些问题，主要有以下几个方面。

（一）教学模式传统、单一

受英语教学大纲的影响，目前我国教学模式趋向于传统和单一。在课堂教学中，教师始终是主角，学生始终是听众。这种模式很难提高学生的学习兴趣，难以调动他们的主动性。教师往往重基础知识而轻综合应用能力的培养，“聋子英语”“哑巴英语”也因此而产生。对此，许多从事英语教学的人员开始了教学新模式的探索，但传统的教学模式依然存在，教师授课时还是以灌输为主，和学生之间的互动和交流不足。在这样的教学模式之下，学生虽然掌握了语言知识，但不能灵活应用，达不到大学英语课程教学的要求，走上社会后也会逐渐被淘汰。

（二）教学方法不科学

社会的不断发展对英语人才提出了越来越高的要求，这就需要学校在教学改革中调整培养模式和教学方法。但是目前我国大部分高校仍然采用黑板加粉笔，教师主讲、学生边听边记的传统教学方法，这种应试教育根本满足不了学生的真实需求。此外，在大学公共英语教学中，班级规模普遍较大，由于学生来自全国各个地区，学生的英语水平参差不齐。面对这种情况，教师难以做到统筹兼顾，满足每位学生的需求。即使是小班教学，大部分教师仍然采取传统的教学方法。这样很难调动学生的学习积极性，教学质量也就可想而知了。

（三）英语教材陈旧落后

教师授课离不开教材，教材是教师对教学内容进行安排的重要工具，也决定着教学方向。但目前大学英语教材往往内容陈旧，不能适应时代发展的需要，实用性不强，教师使用这样的教材来授课，学生的英语水平就难以提升。此外，由于教材的编写严重脱离了学生的实际生活，难以吸引学生，致使他们丧失学习兴趣甚至荒废学习。因此，在我国大学英语教学改革中，要注重教材的编写，尽量满足学生与教师的需求。

（四）师资素质逐渐下降

随着我国教育事业的快速发展，目前大学英语教学中出现了师资力量不足的问题。在各大院校的扩招政策之下，教师队伍还有待扩大，这就意味着现有的教师要承担更多的工作，甚至还出现了研究生代课的情形，这些情况的存在直接导致了教师素质的降低。然而由于教师在英语教学中处于至关重要的地位，其素质的高低会对教学质量和教学效果产生较大的影响，还会间接影响到学生的学习热情。因此，英语教学是否能取得预期效果，很大程度上取决于教师素质的高低。

（五）应试能力被过分推崇

长期以来，英语教学都处于我国教学事业中的重要地位。在学习生涯中，学生会花费大量时间学习英语。其中，大部分时间用于单词和语法的学习，在语言的运用上投入的精力较少，导致学生学到的英语是“聋子英语”“哑巴英语”，这要归因于应试英语教育。如今，学校进行的选拔主要还是看重学生的英语考试成绩，以此来评价学校、考核教师，并作为判断学生学习效果的标准。我国有不少英语选拔考试，众所周知的有全国大学英语四、六级考试，这些考试在一定程度上促进了大学生英语水平的提高，但主要考查的是学生的词汇量和对语法的掌握程度。学校将学生的通过率作为评判教师教学质量和学生学习效果的重要指标，这无疑助长了对应试教育的推崇。

（六）教育管理未被具体证实

在教学改革中，教育部门屡次探讨，提出了一些管理上的措施和指示。这些在一定程度上为大学英语的教学改革开辟了路径，让学校有路可循。但是，并非所有的指示都能得到落实，在改革过程中仍然存在一些问题，如教师的教学方法过于死板。此外，一般的管理体制也无法满足不同学生的不同需求。

（七）文化教育的重要性被忽视

随着全球化的深入发展，高等教育逐渐走向国际化和多元化，英语教学和文化教育的联系变得越来越紧密。因此，在平时的课程教学中，教师要注重培养学生的文化意识，加深其对英语交际能力的理解和认识。

在英语教学中，教师和学生都容易产生一种误解，即认为学习英语就是简单地掌握词汇、语法和语音。教师往往侧重于教授语言知识，不注重英语知识所体现的文化背景。语言作为一种交际工具，承载着一定的文化，学生要掌握这种工具，就必须对其背后的文化进行深入了解，否则在交际中就会出现沟通问题，这样也就体现不出学习语言的意义。因此，教师有必要在平常的英语教学中注重文化教育。

（八）多媒体技术未得到充分利用

如今，随着多媒体技术的广泛应用，英语学习软件也应运而生，被越来越多地运用到日常的教学中。多媒体技术的作用体现在教师的教学课件中。在这样一种新的教学模式下，师生之间的关系发生了重大变化。在多媒体课堂中，教师能够将教学内容用丰富生动的形式予以展示，为学生提供更好的上课体验。因此，多媒体课堂从某种程度上能更好地吸引学生的注意力，调动学生的积极性。但在实际教学中，有些教师往往还是倾向于只根据教材灌输式地教学，不愿在教学课件上花心思，不会充分利用多媒体技术来达到良好的教学效果。

四、大学英语教学改革的新要求和新形势

作为一种国际交流语言，英语在当今世界有着重要的作用。要对大学英语教学进行改革，首先要厘清目前英语教学过程中已出现的一些弊病，其次进行有针对性的改革，这样才能有效提升大学英语教学质量。下面主要围绕我国大学英语教学改革面临的新形势和新要求展开论述，以期为改革的顺利进行奠定理论基础。

（一）着眼于全面发展，以人为本

“以人为本”的思想应该贯穿于整个英语教学活动之中。这就要求教师注重学生的主体地位，时刻围绕学生的实际需求来开展教学活动，以促进学生的全面发展，并使其具有持续学习的动力，为以后的学习奠定坚实的基础。这也是目前英语教学改革面临的首要要求。要达到让学生全面发展的培养目标，需要注重两个方面：首先，让学生较好地掌握英语知识；其次，培养学生对待英语学习的良好态度。这些因素都影响着学生的英语学习。要做到以人为本，注重全面发展，可以从以下几点入手。

1. 承认学生之间的差异性

要认清不同学生的不同特点和个性，承认学生之间的差异。这些差异的存在就要求教师因材施教，为学生营造平等的学习环境，根据不同的情况采取不同的指导措施。只有做到了这一点的英语教师才能算得上是一名优秀的英语教师。

2. 相信学生的潜在能力

每个人都存在一定的潜能，因此教师要相信学生的学习潜能，并善于挖掘学生的潜能。当今，随着科技的不断进步和网络的快速发展，学生的独立性也达到了前所未有的高度，对问题的思考角度也不尽相同。因此，在日常教学中，教师要注重与学生之间的互动和

交流，树立一种亲切的朋友般的形象。在这样一种平等的相处模式中，教师能够及时了解学生的想法，并以此为依据来完善自己的教学方法，这样才能让学生的潜能得以充分发挥，从而提升英语教学质量。

3. 发挥学生的主体作用

一切教学活动的中心是学生，因此教师在教学活动中要注重发挥学生的主体作用。第一，要一视同仁，为每位学生提供良好的教学环境；第二，在组织教学活动时，要让每位学生都能参与其中。这样才能更好地提升学生的自主性和能动性。

4. 营造和谐的课堂氛围

要达到以人为本的教学效果，还需要营造一种和谐的课堂氛围。课堂氛围影响着交际的效果，与教学方法同等重要。课堂氛围的营造可以从以下三个方面着手。

（1）提倡宽容的态度

在教学中，教师要表现出宽容的态度。学生在学习母语时都会出现错误，学习英语时更会不可避免地犯错。在我国以往的教学活动中，一旦学生出现错误，哪怕错误极小，教师都会纠正，过于强调语言的准确。这样易打击学生的学习热情，给学生造成挫败感，甚至会导致学生产生畏难情绪，进而丧失对英语学习的兴趣，在课堂中表现不积极，这样的课堂氛围自然就不和谐。因此，在大学英语教学改革的过程中，教师要对学生更宽容一些，多一些引导，少一些纠错。

另外，对于课堂中的一些违反课堂纪律的行为，如学生开小差、睡觉等情况，教师要进行合理的处理，尽量避免不留情面地大声呵斥，避免伤害学生的自尊心。这种处理方式体现了人本主义，利于学生意识到自己的错误，并产生感激之情，从而进入较好的学习状态。

（2）改善师生关系

和谐的课堂氛围离不开良好的师生关系。因此，教师要热爱、尊重学生，并为他们提供平等的学习机会。教师应坚持以人为本的思想，重新审视与学生之间的关系，并朝着好的方向进行调整。在教学活动中，教师要为学生营造良好的学习氛围，满足不同学生的基本需求，使他们在学习中体会到快乐和满足。一旦学生获得了一些成就感，就会更加喜欢学习。因此，良好的师生关系有利于教学质量的提高。

（3）注重情感交流

除上述两点以外，教师还要注重师生之间的情感交流。学生的学习效果受多种因素的影响，其中一种影响因素便是教师是否对其有信心。在课堂中，教师若是能够保持乐观、高昂和热情的教学状态，学生也会受到感染，表现出积极的学习情感。另外，教师在教学中要对学生有信心，并适时表扬学生，这样的情感交流有助于提高学生的学习主动性和积极性。

（二）注重培养学生的综合语言运用能力

英语教学的目的是让学生具备综合语言运用能力。对学生进行综合语言运用能力的培养，主要有以下三种途径。

一是让学生掌握语言技能，这是英语学习的主要目的。这里所说的语言技能包含两大类，分别是基本技能和综合能力，前者包括听、说、读、写、译五大部分，这五个方面各有特点。听和读是语言的一种输入，主要是吸收知识；说和写是一种输出，是一种对知识的表达；翻译综合了输入和输出。这些语言的输入和输出构成了学生的学习过程。综合能力的提升是建立在对基本技能掌握的基础之上的，因此教师在教学过程中要培养学生在上述五个方面的能力，并引导其参与大量的实践活动，最终提高综合语言运用能力。从这个角度上看，对基本技能的掌握不仅是一种目的，也可以作为一种学习的方法。

二是让学生掌握必要的语言基础知识。能力的形成离不开对基础知识的掌握。因此，在教学过程中，教师要注重对学生进行语言基础知识的培养。虽然在英语教学改革中往往不提倡一味地教授语法，但这并不代表要忽视语法的学习。对此，教师要辩证地对待。语言能力的一个重要组成部分便是语言的基础知识，因此对语法的学习是一个必不可少的环节，这对培养学生的语言技能具有重要的作用。教师在重视语言基础知识的同时，也要认清这并不是学习的全部，学习语言知识只是培养综合语言运用能力的基础，学生只有掌握了扎实的语言知识，再加以一定的实践，才能提高综合语言运用能力。

三是重视学生的心理因素，进行正确的学习策略引导。心理因素与人的发展息息相关，对英语学习也有重大的影响，具体的体现是：学生若以良好的心态面对英语学习，并始终保持积极主动的状态，就能学好英语。因此，教师在平时的教学中要及时了解学生的心理变化，给予学生及时的帮助。在影响英语学习效果的心理因素中，学习动机排在首位，其形成过程涉及诸多因素。其中，学生的情绪、态度以及兴趣是关键。这些方面需要教师在教学中足够重视。

学习动机固然重要，但学习方法也不容忽视。教师在教学过程中要引导学生采用正确的学习策略，这样才能提高学生的学习效率，从而收到事半功倍的教学效果。

（三）努力提高学生的认识能力

随着教学改革的不断推进，英语教学逐渐由传统的知识型教学过渡到技能型教学，即在英语教学中不仅要注重语言技能的获得和语言知识的传授，还要注重提高学生的认识能力。

1. 提高学生认识能力的意义

在研究如何提高学生的认识能力之前，有必要探讨此举的意义，下面展开详细论述。

（1）母语与英语的关系

我们的大部分知识都是在学习母语的过程中获得的。因此，我们能熟练地在日常生活中运用母语。但是，很多人都有这样一种体验：没有学习英语之前，对母语的认识往往比较浅显，在学过英语之后，反而形成了一种对母语的理性认识，加深了对母语的理解。从这种现象来看，学生学习英语既可以获得知识，又可以学会一种认识事物的新方式，能够在某种程度上提高认识能力。之前，国外流行的一种自觉对比教学法即是利用这个原理。该教学法就是将母语和外语的对比作为一种提高学生文化素养的途径，以此来提高学生的智力水平。因此，教师在教学过程中要认清这种关系，不要只局限于语言知识和技能的教授，要深入挖掘语言的教学价值。

（2）语言与思维的关系

在文化语言学中，语言与思维存在紧密的联系，两者既是统一的整体，又互相促进。语言是思维的载体，是思维的外在表现形式，思维产生于人们的学习过程之中。因此，语言能力和思维能力相辅相成，具有辩证统一的关系。

此外，人类文化通过语言得以体现和表达。语言凝结了人类文化的成果，并使不同民族的文化以某种规律和结构呈现出来。对英汉两种语言在词汇和语义上进行对比分析，可以发现两者之间的差异。无论是在词汇方面还是在语义方面，英汉两种语言很少完全一致和对应。比如，在英语中，sister 是“姐姐”和“妹妹”的统称。cousin 更是含义广泛，涉及所有同一辈旁系亲属中的男性和女性。在汉语中，即使有丰富的亲属关系词汇，也无法与英语词汇进行一一对应。这种现象的出现主要是由于英汉两种语言是在不同的社会形态中发展起来的，有着不同的历史背景和思维方式。受封建体制的影响，中国提倡以家庭为中心，崇尚地位高低尊卑之分。而西方国家却相反，其注重个体的独立和解放，家庭观念相对比较薄弱，因此形容亲属关系的词汇简单，而表达个人观念的词汇却很丰富。再如，英语国家比较注重个人隐私，认为其是神圣的，不容侵犯。而在汉语中，其受重视程度并不高。

由上述分析可知，学生在学习语言中不是单纯地学习词汇与语法，还要开阔个人的文化视野，在不同思想观念的碰撞中，接触不同的思维方式，得到新的启发。在英语教学过程中，教师只有清楚地认识到母语与英语、语言与思维之间的关系，制定有计划、有目标的学习策略，才能有效提高学生的认识能力以及思维能力。

2. 提高学生认识能力的途径

要想在英语教学中提高学生的认识能力，就要选择合理的教学途径和方法。具体来说，可以从以下两方面入手。

（1）坚持以话语为中心的教学

英语教学先后经历了从翻译法到听说法再到交际法的过渡。这三者分别是围绕词、句和话语的本位教学法。其中，词是一种概念的表达，句子主要起判断作用，话语是一种推理表现。语言与思维应该与话语协调统一。从这个角度来看，翻译法和听说法均未充分体现思维活动。这两种教学方法均存在一定的弊端，容易让学生走上机械的模仿和重复之路，不利于其智力的锻炼和开发。而交际法教学更注重语言的整体与连贯，因为话语作为一种基本的交际单位，能够有效衔接词语与语境。

另外，在话语本位教学中，话语分析以及篇章语言学能同时提供理论支撑基础和具体的分析方法，能使教学活动更科学化和系统化。教师在教学时要在掌握理论的基础上做到理论联系实际。

（2）坚持“文道统一”原则

语言与思想存在着紧密的联系。因此，在教学活动中，教师要做到“文道统一”，即应该在注重语言教学的同时，也注重思想教育，做到二者兼顾。

在以往的英语教学中，教师通常都注重教学的形式，而不注重教学的内容。就语言本身来说，其是一种交际工具，然而对语言的教学却不能仅停留在工具层面上，其最终目的是实现更高层次的教育。坚持“文道统一”原则是一种很好的途径，为达到这个目的，教师要注意两点：一是提升自身素养。英语教学中有一种“自理同构律”，这个规律被普遍认可，即教师在要求学生达到某种素质和能力之前，自己要先具备这些。因此，教师想要提高学生的认识能力，就要在备课中体现这种能力。教师只有亲身体验过这些智力投资，才能让学生也有此体验。二是在进行阅读教学时，教师要先理清文章的脉络和层次，随后引导学生对内容进行挖掘，探讨其中的文化价值和底蕴。这样不仅能带领学生领略真善美，也能促进学生人格的升华。通过这样的教学方式，既可以提高学生的认识能力，也有助于学生人格修养的提升。

（四）充分利用多媒体、网络技术

随着多媒体和网络技术的出现，网络教学也应运而生。不同于传统的大学英语教学方式，多媒体技术在英语教学中的运用，使学生在学习中拥有了更多自由的空间，其优势主要有以下三个方面。

第一，多媒体软件不仅能提供标准的发音，而且能将内容用生动的形式传达给学生，加深学生的理解，并提高他们对知识的记忆能力。

第二，多媒体技术更能激发学生的学习兴趣。多媒体技术的应用使各种各样的教学资料得以充分组合和利用，有利于激发学生的学习兴趣。此外，还能打破时空的限制，为学生提供更多的学习途径，不再局限于课堂学习，这样一种方式不但延伸了学生的学习时间，而且也有利于调动学生学习的积极性和主动性。

第三，网络技术的广泛应用不仅为学生提供了更多的学习空间，也为教师提供了便利，教师可以在网络中进行任务的布置和批改。这样不仅能适当减轻教师的负担，也有利于学生自主学习能力的提高。因此，教师要充分利用多媒体技术，达到更好的教学效果。

（五）提升学生的文化素养

语言是文化的载体，因此学习英语不仅是简单地学习一门语言，还要了解这门语言背后的文化。

经济、技术、信息的交往和商品、资本、人员的流动使世界各国的文化突破特定的地域环境和社会语境，融入全球性互动的文化网络之中。多元文化已成为文化的基本格局。在这样的时代背景下，文化素质的培养毫无疑问成为大学英语教学的重要内容。

文化教学能够提升学生的国际理解力和竞争力，帮助他们用全面的眼光和角度来审视和认识本国与他国文化，从而积极有效地推进国家间的交流与合作。同时，文化教学还能帮助学生对本国文化产生更深刻的认识，增强他们的民族自尊心与自豪感，使其在跨文化交际中把我国优秀的文化传统发扬光大，为世界文化的繁荣贡献自己的力量。

（六）评估方法多元化

判断教学能否达到预期效果，需要按照一定的方法进行评估。因此，在大学英语教学改革中，也要注重对评估方法的改革。

传统的英语教学评估方法存在不少弊端，趋向于单一和机械。在对教师教学效果的评估方面，既不注重教师对自己的评价，也不注重学生对教师的评价，一味地突出评估的选拔作用，却长期忽视评估中有着重大意义的反馈功能。随着时代的不断发展，这种评估方法显然已不再适用。就目前常见的评估方法来看，对客观题的考查不断减少，对主观题的考查有所增加，形成性评估越来越受推崇。随着人们的改革意识不断增强，网络评估方式也应运而生。无论是形成性评估还是网络评估都有着传统评估方式不可比拟的优势。

例如，能为学生提供几次考试的机会，让学生看到自己处于进步之中。这体现了对每个学生学习速度和感受的一种尊重，有助于学生摆脱学习只是为了应试的错误看法。

第二节 大学英语教学模式改革

英语教学的最终目的是让学生在交际过程中熟练运用语言技能，为社会培养更多的英语人才。面对如今风云变幻的社会环境和国际环境，提高英语人才素质的有效途径就是改革现有的大学英语教学模式。本节选取四种教学模式进行分析。

一、分级教学模式

从字面意思上看，分级教学模式是一种分层次的教学，即在对学生的水平和潜能进行划分的基础上开展教学活动。这种教学模式讲究因材施教，全面考虑不同层次学生的需要，让每位学生以自己所在的起点为基准，通过不断学习来取得进步。

（一）分级教学模式的理论

教学工作者在教学实践中，根据科学的教学理论提出了分级教学的理念。下面对这些理论展开一一介绍和分析。

1. i+1 语言输入假设理论

i+1 语言输入假设理论是分级教学模式的核心理论依据。其对分级教学模式主要有以下两个方面的影响。

一方面，课程理论方面，i+1 理论既强调知识的获得，也注重其获得的途径。该理论提倡一种循序渐进的过程，体现了分级教学模式理论的精髓。

另一方面，教学实践方面，为达到 i+1 理论的要求，分级教学模式会综合考虑多方面的因素和差异来设立不同的教学目标。

2. 学习迁移理论

所谓“学习迁移”，是指已有的学习经验对当前学习的影响，包括正迁移和负迁移两种形式。前者表示已有经验能促进当前的学习，后者表示已有经验会干扰当前的学习。

认知结构迁移理论认为，认知结构即学习者脑中的知识结构。当学习者学到新知识时，其头脑中原有的认知结构便产生了变化，这些变化包括内容和组织两种。

3. 掌握学习理论

该理论认为，一些学生之所以不能取得理想的成绩，不在于其智慧不足，而是要归因于一些外在因素，如设施和他人的帮助。当这些外在条件达到一种合理的状态时，绝大多数学习者会倾向于具有相似的学习能力和动机。根据该理论，分级教学模式强调不同教学手段的运用，通过这样的方式将不同学习者的潜质激发出来。

（二）分级教学模式的原则

以上对分级教学模式的理论进行了介绍，接下来主要阐述分级教学模式运用于实践中时必须遵循的原则，主要包括循序渐进原则和因材施教原则。

1. 循序渐进原则

循序渐进的思想源于朱熹的“循序而渐进，熟读而精思”。该原则要求教师在教学时不但要遵循知识的内在规律，还要注重教学形式的选择，最终满足不同水平学习者的要求。分级教学模式使教师得以在学习者英语知识体系的基础上进行教学，采取适合他们的教学方法，从而使学习者逐步提高语言技能。

2. 因材施教原则

所谓因材施教，是指教师要根据学习者的实际情况，实施有针对性的教学。近年来，高校不断扩招，越来越多的学习者得以接受高等教育，但不能忽视的一个问题是学习者的英语水平存在较大差异。面对这种情况，教师要充分考虑差异性，否则容易出现的现象是，水平高的学生学不够，水平低的学生跟不上，这是一种对教学资源的浪费。分级教学模式全面考虑这些差异，从学生的实际需求出发，提供合适的教学方法，以此来提高教学质量。

（三）分级教学模式的实施

在实施分级教学模式的过程中，要注意以下几方面。

1. 科学、合理地进行分级

分级教学的目的不是让所有学习者达到同一目标，而是对学习者进行分级，然后再制定教学目标。因此，在实施分级教学之前，要对学习者进行科学、合理的分级。

在具体的教学实践中，可以根据试题和一定的标准来进行分级。从试题上来说，可以参考大学英语课程的相关教学要求，根据不同级别的词汇量设置分级试题，在题目的选择上要注意层次性。从分级标准上来说，评判标准要综合考虑客观和主观因素，客观因素即分级测试的结果，主观因素包括学习者自身的实际水平和意愿。例如，有些学校在英语教学中，根据一定的分级标准将学生划分为A班和B班，并制订不同的教学方案。对于B班的学习者，可以用补课的方式缩短其和A班学习者之间的差距，以此来调动他们的学习积极性，使两者的水平逐渐接近。

2. 提高分级区分程度

目前，大部分高校都根据高考英语成绩或者入学摸底考试成绩对学生进行分级。然而，这样的分级方式存在一定的弊端，因为考试成绩的高低还可能与主观因素有关，成绩并不能说明一切。例如，有的学生因为几分之差而与A班失之交臂，这一点细微的差距不足以表明实际的英语水平差距。因此，有必要提高分级的区分度，使之更加合理。除参考考试成绩以外，还应了解学生自身的意愿，在此基础上实现双向选择。因为学生最清楚自己的英语水平以及兴趣所在，这种双向选择体现了对学生的尊重，化被动为主动，增强了学生的自主选择权，有助于提高他们学习的积极性与自觉性。

3. 实施升降调整机制

所谓升降调整机制，就是对学习者的学习程度进行一种动态的管理。因为学生的英语水平会随着不断地学习发生变化，所以学生的级别也应该随之进行动态调整。例如，当B班的学生英语水平已达到A班标准时，要将其调入A班，作为一种激励，使其在后续的学习中再接再厉，更上一层楼。同理，A班的学生如果英语水平有所下滑，不能满足A班的要求，则可以适当施加压力，将其调入B班。

在此升降的过程中，要兼顾选拔原则与学生意愿，并且调整频率不宜过大，需要维持在一定范围和一定时间内。

4. 制定科学的评价标准

实施分级教学模式容易导致一种现象，即在考核中成绩不一定和英语水平的高低成正比，由于考核的试卷难易程度存在差异，英语水平高的学生的成绩可能还不如英语水平低的学生。因此，有必要调整评价标准，使之更加科学。具体来说，可以从两个方面入手：一方面，综合考虑考试成绩和平时成绩，最终成绩的评定由总结性评价与形成性评价两大部分组成，即加大平时成绩在最终成绩中占的比重；另一方面，采用权重的方法统计分数。具体的做法是根据试卷的难易程度设定系数，通过加权算法从宏观上调整两个级别的分数。

5. 尽量避免负面影响

分级教学模式有优于传统教学模式的地方，但其本身也存在一定的弊端。实施分级教学模式涉及一系列复杂的操作，也会给日常的考勤和管理增加不少工作量，还会降低学生对班级的归属感等等。这些问题都会阻碍分级教学模式的实施与推进。因此，教育管理者需要制定一套行之有效的规范，并根据遇到的问题及时调整从而做到扬长避短，达到较好的教学效果。

二、模块教学模式

模块教学模式是大学英语教学改革的重要组成部分。这是一种系统性的教学模式，以大学英语教学为系统，将其分为知识、技能、拓展三大模块，在不同的学期中进行有针对性的教学，从而提高学生的综合语言应用能力。

（一）模块教学模式的定义

随着英语教学改革的推进，英语教学系统发生了重大的改变。英语教学向着能力化、技能化、多样化、信息化的方向发展。英语模块教学模式就是在这种转变中被提出的，因此其在一定程度上反映了时代发展对大学英语教学的要求。

所谓模块教学，是指通过一个能力和素质的教育专题，在教法上强调知能一体，在学法上强调知行一致。模块教学模式主张提高学生的素质和具体技能，教学中通过集中开展理论、技能、实践等活动来实现教学目标。

大学英语模块教学能够丰富英语课程，实现课程的多样化。同时，对学生来说，模块化的教学形式通过形式丰富的课程，便于提高学生对英语学习的兴趣，调动其学习的积极性。采用模块教学，也能在一定程度上使英语教学贴近时代发展，增强人才培养的时代性。

（二）模块教学模式的展开

通过对《大学英语课程教学要求》的分析可以看出，其对于英语水平的划分提出了不同的能力要求。在这种多层次的要求下，大学英语很难通过一整套教学实现人才的全方位培养。英语模块教学模式主张在一定时期内对学生进行阶段性目标的培养。这种观点正好迎合了教学要求。

由于模块教学模式是对整个教学系统的管理，因此其在实施过程中需要教学工作者进行科学的设计。

三、研究性学习教学模式

教学模式改革的目的之一是促进学生个性化学习方式的形成和学生自主学习能力的

发展。因此，在大学英语教学中，实施研究性学习教学模式，才能达到课程教学的要求。此外，实施这种教学模式也是目前大学英语教学改革的大势所趋，能够有效地培养创新型人才，取得了良好的教学成就。下面重点介绍研究性学习教学模式。

（一）研究性学习及其教学模式的定义

学生的学习过程与科学家的研究过程在本质上带有相似性。因此，学生应该在日常学习过程中努力发现问题、解决问题，以期获得知识，提高自身的语言能力与研究技能。上述观点在20世纪80年代的国际教育界得到了广泛关注。

研究性学习是一种以学生为中心，以培养学生的自主学习能力为主要方法和价值取向，重在研究和发现的一种实践性学习方法。

总体来说，对于研究性学习的定义，学术界主要存在以下两种观点。

第一种，研究性学习是在开放的教学环境中，以培养学生研究式学习方式为目标的定向培养课程。在研究性学习教学中，教师需要使学生了解不同的研究方法，从而提高学生的研究技能与学习能力。

第二种，从狭义上讲，研究性学习是相对于传统的接受性学习而言的，其通过使用探究性学习和教学方法来提高学习者的学习能力。

概括来讲，研究性学习主要有四个特点，即探索性、自主性、创造性以及开放性。研究性学习提倡学生在实践中获得学习经验，并形成科学的学习态度，最终提高自身的英语综合应用能力。与传统的英语教学模式不同，在研究性学习教学模式中，学生是学习的主体，是知识的主动建构者，教师是教学活动的组织者、引导者和促进者。

（二）研究性学习教学模式的意义

研究性学习教学模式是一种新的知识观、教学观，是大学英语教学改革的重要模式之一。研究性学习教学模式主张学生平等参与，对学生进行能力教育，同时使其学习方式向着深度学习转变，使学生真正成为学习的参与者。下面对研究性学习教学模式的意义进行总结。

1. 研究性学习教学模式能够建立一种新的知识观

传统的英语学习是一种旁观性的学习，学生对知识的吸收主要依靠被动的记忆与课堂教学。研究性学习教学展开的前提是改变学生的知识观，从而使他们树立一种新型的主动的知识观。在研究性学习教学中，学生能够真正有效地参与课堂活动，从而将课堂知识内化为“个人知识”。在这种模式下，学生的参与意识得到激发，他们会在学习中融入自己的热情、经验等。

2. 研究性学习教学模式能够建立一种新的课程观

传统的大学英语教学主要受知识课程观的影响，将关注点放在教学目标与结果上，致使英语课程带有控制性与封闭性。而研究性学习教学模式以能力课程观为指导，在教师的引导下，学生能够根据自己的兴趣爱好进行不同的课题研究，从中提高自主学习能力、独立创新能力。

研究性学习教学模式的能力课程观尊重并鼓励学生的个性化，主张在开放的教学环境中开展活动，反对在教学中过多渗透成人的经验与文化，而以学生的经验为核心进行教学。学生角色的转变能使学生对学习进行批评与反省，从而对知识进行重新理解与吸收。

3. 研究性学习教学模式能够建立一种新的教学观

研究性学习教学主张对学生世界观、学习观和知识观的重新建构，通过在情景中展开教学，提高学生的主动性与社会性。这种教学模式以理解现实世界为目的，是一种应用性很强的教学形式。

在研究性学习教学中，教师通过探究的方式进行教学的组织与知识的传授。师生之间是一种平等、互助的关系。教师通过对教学的引导，能够开发学生不同的特质，从而形成个性化的教学。

（三）研究性学习教学模式的展开

研究性学习教学倡导以开放的教学环境为依托、以学生能力的提高为目标展开教学活动。研究性学习教学关键是对学生的实践能力与创造能力进行培养与提高。这种教学模式要求打破传统英语教学的束缚，关注学生的学习潜力与个性特点，从而使学生成长为拥有独立学习意识与自主钻研能力的学习者。下面对研究性学习教学模式展开的三个重要方面进行总结。

1. 创设适合教学的问题情境

研究性学习教学模式主张对学生学习积极性和主动性的开发，因此在教学过程中创设一定的问题情境十分有必要。

适合教学的问题情境要能引起学生的求知欲望，通过将教学内容与求知心理相结合，让学生主动进入学习中。在这种教学模式下，学生能够清楚地了解教学目标，因此其研究的欲望就能得到激发。教师在设计教学问题时，需要考虑到问题的趣味性、挑战性，并结合学生的年龄特点进行开放性和实践性的教学。

2. 注意独立研究与合作交流的结合

研究性学习教学模式主张学生独立思维的培养，因此在教学过程中，学生能够根据自己的经验对教学内容中的问题进行发现与研究。这种独立研究能够动用学生的思维，是其主动建构知识的过程。这个过程和传统英语教学中被动的知识接受不同，能使学生感受到获得知识的喜悦，从而增强学生的自主意识和独立研究能力。

在研究性学习教学模式中，还需要让学生在独立研究的基础上进行同学间或班级内的合作交流活动。在这种交流活动中，学生能够展示自己的思维过程与研究方式，并吸收同学们研究的优秀之处。在交流与融合的过程中，学生的合作意识与语言运用能力都会得到提高，同时对班级凝聚力的形成也大有裨益。

3. 教师在研究性学习教学中的作用

在研究性学习教学模式中，教师的角色得到了改变，成为教学的指导者与促进者。相比传统的教学，这种开放性的教学环境对教师的要求有所提高。

研究性学习教学模式是一种新兴的英语教学形式，因此学生很难在最开始完全适应，也不能领会到这种教学的目的与意义。在这个过程中，教师对学生的引导十分重要。教师需要保证一定的教学效果，同时不能过分干预学生主体性的发挥，这对教师能力是重大的考验。

为了提高研究性学习教学模式的效率，教师可以利用一些新兴的英语教学手段教学。例如，通过多媒体、网络进行教学内容的展示，引起学生对其研究的兴趣。学生研究的过程中，教师可以从中引导，并教授学生常见的研究方法。在学习结束后，教师还需要对此次教学的目的、研究内容、研究意义进行总结，从而使学生的学习主人翁意识得到增强。

（四）研究性学习教学模式在英语教学中的应用

大学英语教学是学生提升语言能力的关键一环，在这个过程中使用研究性学习教学模式，能够提高学生的语言运用能力，为其以后走入社会进行语言交际打下良好的基础。

研究性学习教学模式是一种开放型的教学模式，适用于英语教学。

1. 大学英语视听说课中研究性学习教学模式的应用

在传统的英语视听说课中，学生主动学习的热情不高，因此教学效果不理想。众多学者主张将研究性学习教学模式应用到英语视听说教学过程中，初步构建以“策略引导—多元互动—立体化”为特色的大学英语“研究性学习”视听说教学模式。

通过对上述教学模式的分析，可以看出其教学的展开主要以学生为中心，教师在教学中起到引导作用。同时，教学突破了课堂教学的限制，延伸到了课外，大大扩展了学生的学习范围。

2. 大学英语语法课中研究性学习教学模式的应用

语法是一种规则性知识，语法课相对枯燥，需要学生进行记忆。因此，在教学中提高学生的学习兴趣与学习主动性，成为提高教学质量的重要途径。在大学英语语法课中，教师可以采用原因探究的形式进行教学。这种教学方式是半控制教学，可以通过这几步展开：教师创设需要解释的语法情景；对教学活动任务进行解释说明，要求学生在后续练习中使用要学习的语法项目；教师提示不同的语法情况；学生根据自己的想象与语言基础进行解释。

这种研究性学习教学模式能够调动学生的积极性与想象力，对其语言使用能力的提高也大有裨益。

3. 大学英语词汇课中研究性学习教学模式的应用

英语词汇具有一词多义的特点，在教学中无法穷尽每个词的每个含义，因此进行研究性词汇教学能使学生自主探索词汇的含义与用法。这种方式在增强教学趣味性的同时，也有利于学生词汇量的提高。

在大学英语教学中，研究性学习教学模式发挥着重要作用，教师可以结合学校教学的实际情况和学生自身的特点来开展工作。

四、网络教学模式

如今，计算机网络技术已经广泛应用于大学英语教学领域，网络教学的不断深入和发展，为学者们探讨和研究网络英语教学理论和实践提供了大量的经验，既有利于解决实际问题，也有助于今后的发展。

（一）网络教学模式的定义

顾名思义，网络教学模式的基础是网络，即通过计算机网络技术传递教学思想和理论，达到教学目标。这种模式比较稳定，也是较为先进的一种大学英语教学模式。

（二）网络教学模式的理论

要建立一种教学模式，就离不开相关的教学理念和理论。网络教学模式的构建亦是如此，教学理念、理论的确立是构建网络教学模式的灵魂和基石。总体上说，网络教学模式主要以语言监控理论和建构主义理论为依托展开教学。

1. 语言监控理论

近几年来，随着网络技术的快速发展，借助网络技术进行英语学习的趋势越发明显。对此，一些学者也开展了关于网络技术与英语学习的理论研讨，其中语言监控理论被认为是网络技术辅助英语学习的主要理论依据之一，该理论源于克拉申的第二语言习得理论。其核心理念是习得比学习更重要。针对如何习得语言，其给出了两个必要的条件：一是学习者能够理解的语言材料的形式应为“i+1”模式，这表明要对学习者进行输入，让其在现有的语言水平的基础上进行提高，并且学习者要理解这种输入；二是学生必须克服心理障碍，这样才能有效吸收外界对其输入的知识。

语言监控理论强调，习得、输入以及降低情感障碍，这些思想均能促进第二语言的习得。因此，非常有必要将该理论运用于大学英语的网络教学中，并在此过程中不断探索其与英语教学之间的关系。

2. 建构主义理论

20 世纪 60 年代，瑞士学者皮亚杰提出了建构主义理论。他认为，人通过一定的刺激能够激发一定的认知结构，从而获得信息。随着这个理论的盛行，人们对教学的观点有所改变。在建构主义理论中，知识是主观的，可以通过自主建构而获得，教师的责任是帮助学生对知识进行建构，以此来加深学生对知识的理解，锻炼学生的创新思维。这个观点对网络教学模式的展开有重要的指导意义。

总之，如前所述，网络教学模式的构建离不开一定教学理念和教学理论的指导。然而我们不能只依赖一种教学理念或教学理论，因为历史发展的经验表明，每一种教学理念或理论都有其优缺点，没有哪一种只有优点，没有不足。简言之，就是都有适用范围。因此，在选择网络教学模式的指导理论之前，先要做的便是比较各类理论的优缺点以及适用范围，综合考虑教学的对象、目标、内容和条件等多个因素，做出最符合教学需求的选择。

（三）网络教学模式的分类及其实施

因为分类标准的不同，网络教学模式的种类繁多。

1. 网络自主接受模式

该模式一般由学习者个体、学习内容和学习指导者三个要素构成。其中，学习内容主要是指网络课件和一些语言材料，学习指导者包括教师和计算机。

在网络自主接受模式中，所传授的知识和技能往往以客观为主。具体而言，就是一般都以具有唯一答案的试题来进行训练，并利用计算机的自动识别和反馈程序，对学生的答案进行判断和纠错。另外，还可以借助某种特别设定的程序来了解学习者的学习风格，并生成符合学习者口味的学习材料。在这种情况下，计算机扮演了教师的角色，能起到很好的指导和引领作用。但是针对学习者遇到的一些具体问题，无法通过计算机解决的，就需要教师的帮助，教师可以利用学习论坛等方面的网络交流工具来帮助学生。

2. 网络自主探索模式

该模式一般由学习者个体、任务或问题、参考资源和教学指导者四个要素构成。不同于网络自主接受模式的客观性，这一模式主要是培养学生运用语言的能力。因此，学生不再学习具体的语法和词汇知识，而是完成一些具体的语言任务，如针对某个问题或某个事件表述自己的看法和观点。在这个学习过程中，学生可以得到两方面的提示和指引。一方面，可以通过网络资源或图书列表获得参考资源；另一方面，还可以从教师那里获得必要的帮助，教师通过学习论坛等网络交流工具，对学生的学习进度进行检查和监督，并给予一定的评价。

3. 网络集体传递模式

该模式由学习者群体、学习资源和教学指导者三种要素组成。在这种模式中包含两种教学过程。第一种是虚拟的网络教学，教师和全体学生借助网络这一平台，在同一时间完成授课与上课的任务，即建立一个网络班级，进行和实体班级一样的教学活动。第二种是学生自学辅以教师集体指导，对于教师布置的学习任务和给定的学习资源，学生可以根据自己的时间安排自主学习，然后确定一个时间，由教师针对学生在自主学习过程中的各种问题统一进行答疑解惑。

4. 网络协作探究模式

该模式由学习者小组、任务或项目、参考资源和教学指导者四种要素构成。其中，学习者小组是指学生进行小组协作，共同完成学习计划。任务或项目是该模式的核心要素，即让学习者通过合作的方式来完成一定的任务或目标。教学指导者在这里主要指教师，在网络协作探究模式中，教师主要负责在学生完成任务或项目的过程中给予必要的指导。例如，协助学生进行小组分工，提供必要的学习资源，对任务完成中的某些错误给予及时纠正等等。

该模式提供了一个虚拟的任务执行情景，学生通过完成任务的方式来体会语言的运用，最终提高英语水平。而且学生可以根据自身的兴趣和语言能力水平来选择任务，用适合自己的方法进行学习。

5. 网络综合教学模式

在实际的网络教学模式应用中，往往不局限于运用某一种教学模式，而是全面考虑师资力量、教学目标以及教学条件等因素来综合运用各类网络教学模式。

现用大学英语综合教程某一单元的网上教学来说明这种综合运用。首先，要求学生对该单元的网络课件和学习资源进行自主浏览和学习，完成网上设置的一些题目，并由计算机给出结果。根据反馈结果判断学生是否掌握了本单元的基本知识和技能。若是已经达到要求，则允许其进入下一阶段，即自主探索学习。在这个阶段，要求学生对给定的材料进行研读，并给出一份研读报告。在此过程中，教师通过一些网络交流工具给予学生必要的帮助和引导。

这一教学过程有效结合了网络自主接受模式和网络自主探索模式。这种多种模式混合教学的方式即称为网络综合教学模式。在对教学模式进行设计时，要综合考虑多种因素，从实际需求出发进行合理的选择。

第三节 大学英语教学策略与学习策略改革

教学策略是教师在课堂上为实现预期教学目标所采取的一切有效原则和教学行为，教学策略的制定是提高教学效率和教学质量的必经之路。学习策略是学习者为提高学习效率而有目的、有意识地制订相关学习过程的方案。学习策略的制定有助于学生学习效率的提升，非常有利于学生学习能力的提高。如今，大学英语教学改革面临着新的形势。在此背景下，无论是教师的教学策略，还是学生的学习策略，都应随之调整和变化，才能达到较好的教学效果和学习效果。

一、新形势下的大学英语教学策略改革

教学策略的运用在很大程度上影响着英语教学的效果。好的教学策略能有效提升教学效果，而不好的教学策略有可能事倍功半。因此，在当今时代，要科学地运用教学策略。在大学英语教学改革中，经常会用到一些策略，以下进行具体介绍和分析。

（一）管理策略

之所以要实施管理策略，是由于教学的动态性特点。在教学过程中，教师为确保教学的顺利进行，往往会采取一定的措施，去约束学生在课堂上的行为和活动，从而产生了课堂管理这一概念。借助课堂管理，教师主导课堂活动，并调动学生的参与积极性，营造良好的课堂环境，从而达到教学目标。由此可以看出，管理策略有助于教学活动的顺利开展。

1. 管理策略的作用

实施管理策略主要有三点作用。第一，能促进课堂活动的顺利进行。管理策略的实施有助于营造良好的课堂环境，使外在控制过渡到内在控制，提高学生的自律性，不仅能减少学生之间的矛盾与冲突，也可以消灭一些潜在的不和谐因素。因此，课堂管理有助于良好课堂环境的形成，为课堂活动的顺利开展提供了保障。第二，能促进课堂活动的有效开展。课堂互动主要有两种构成：①人与人之间的互动；②人与环境之间的相互作用。课堂互动离不开课堂管理，两者之间相辅相成。课堂管理是实现课堂互动的有效途径，课堂互动又能更好地促进课堂管理，共同推进课堂活动的顺利开展，既有助于学生获得知识和能力，又有利于教师提升教学质量，还可以让课堂教学避免落入形式化的窠臼。第三，能激发课堂活力，有利于学生的持久发展。课堂活动能为学生的学习生活注入一股强大的生命活力，让个体的生命价值得以体现。有生命活力的课堂才能称得上是一种课堂生活，才能有效地促进学生成长。

2. 管理策略的原则

在管理策略的实施过程中，有一些需要遵循的原则。关于这些原则，学者们各持己见，总体概括起来主要有以下两个。

（1）有助于维持课堂秩序

一切管理的目的都在于对秩序的调控，教学管理就是为了维持教学中课堂的秩序。这种秩序需要教师和学生共同维护。

（2）不伤害学生的人格与自尊

在英语教学中，教师要注意保护学生的人格和自尊。当学生出现一些问题时，教师要进行积极的引导和劝诫，重视学生的情感，尽量避免直接惩罚，在处理问题上要注重公平性和差异性，最重要的一点是要针对出现的课堂问题进行反思和分析。

除以上两种原则之外，在具体的教学过程中，教师还要根据具体的情况采取一些管理措施。教学管理的好坏直接影响着教学质量。良好的教学管理既有利于降低教学中出现问题的可能性，也有利于及时应对出现的问题。因此，十分有必要根据学校的实际情况制定行之有效的管理策略。

3. 管理策略在大学英语教学中的运用

管理策略的运用有助于维持教学秩序，具体来说，有纪律管理策略和时间管理策略。

（1）纪律管理策略

维持课堂秩序的重要手段之一是纪律管理。纪律管理能有效地促进教学，其和课堂管理存在一些本质的不同。课堂管理是指针对课堂活动所采取的一系列管理措施，而纪律管理是采用一些标准来考查学生的行为是否适当。课堂纪律管理能够规范学生的课堂行为，促使其健康成长。纪律管理策略主要涉及纪律维持和违纪处理，对一些比较配合教师工作的学生而言，教师的一句警告就能对其产生约束作用；相反，对不太配合的学生而言，要严肃处理其违纪行为，才能尽量减少对他人的影响。要想较好地矫正学生的行为，教师有必要采取预防措施来应对，尽可能地降低学生发生问题的可能性。可以采取的具体措施有以下几点：首先，注重师生管理功能的发挥，尤其是学生的自我管理功能。教师要结合实际的课堂情况进行管理和维护纪律。其次，教师可以通过设计一些有趣的学习任务来调动学生的学习积极性，这样有利于课堂纪律的保持。最后，教师要正确对待课堂管理和课堂教学两者之间的关系。在传统的教学模式中，教师往往只重视教学，忽视管理，但这样容易导致的一个现象是即使教师投入了很多精力来教授，但由于许多学生根本没有用心听讲，教学效果也会依然不见好转。

（2）时间管理策略

所谓时间管理策略，顾名思义，就是教师要对教学时间进行有效的管理，以实现教学效率的提高。教师可以通过以下几个方面做好时间管理。首先，要采取必要的措施来提升学生的学习积极性和兴趣。其次，教师要尽量做到教学的连贯性，不至于让学生处于无事可做的境地。再次，教师要对课堂时间进行合理的分配。根据课程表的安排，对自己的教学时间和学生的学习时间进行合理的安排。最后，教师还要鼓励学生学会管理自己的时间，以此来提高学习效率，取得良好的学习效果。

（二）提问策略

1. 提问策略的作用

提问策略主要是指教师通过提问的方式了解学生的学习情况，并根据学生的问答来判断和检查学生的学习效果。从学生角度看，提问策略在某种程度上可以调动学生的学习积极性和参与意识，还可以促进学生思维的发展。从教师角度看，提问策略有助于教师对学生存在的问题进行解答和分析，有助于教师对学生学习过程中的细节性问题进行检查，有助于教师了解学生对知识的掌握程度。

2. 提问策略的原则

在教学过程中，提问是一种十分常见的活动。看似简单，实际上也有一定的原则，只有遵循了这些原则，提问的作用才能得到充分发挥。

（1）主题性原则

教师在进行教学安排时，每堂课都应该围绕某一主题展开。因此，提问也必须紧扣主题，主要针对重难点。提问的顺序应该先浅后深，循序渐进，不要提与主题无关的问题。教师在提问过程中，可以采取连续问话的方式来加深学生对知识的理解和认识。

（2）启发性原则

教师在提问过程中还要注意问题的启发性。因为具有启发意义的问题能够激发学生的求知欲，从而引发学生去思考和探究，有助于学生创造能力和思维能力的提高。具体来说，教师要根据课程的特点进行提问。首先，当遇到学生回答过于简短的情形时，教师可以适当地进行追问，以此让学生详细解析自己给出的答案，并进行丰富和拓展，达到启发学生思维的目的；其次，教师要针对一些重难点提问，并在学生回答时给予点拨，帮助学生攻克学习难点。具有启发性的问题能有效启发学生的思维，促进其认知结构的形成。

（3）兴趣性原则

兴趣是最好的老师，因此教师在提问时要注重激发学生的学习兴趣。具体的做法如下：首先，教师要结合学生自身的心理特点进行提问，所提出的问题要兼具挑战性和启发性；其次，教师要尽量在最佳的时机进行提问。这种做法有两种情况，第一种情况是当学生的思维处于高度活跃状态时，教师可以提出一些没有固定答案、需要发散思维的问题，如一些推理性的问题，以此来引导学生对课堂上学习的知识进行消化，并让学生保持积极的思维状态。第二种情况是当学生的思维处于不太活跃的低潮时，教师可以提出一些问题来引导学生对所学知识进行巩固和强调。

（4）互动性原则

提问过程是师生双方进行互动的过程，因此要遵循一定的互动性原则。在提问互动的环节，教师要保持一种温和的态度，让学生能够放松心情，畅所欲言，并在学生回答的过程中注意仔细聆听，待学生回答完毕，教师点评时也要注意说话语气，尽量使用鼓励性的口吻，以此来激发学生的求知欲。此外，教师还可以请学生主动提问，积极参与课堂活动，共同营造一种和谐、轻松的学习环境。

（5）层次性原则

教师在提问时还要注重层次性原则。要做到提问的层次性，教师需要深入分析教学内容内在的逻辑与联系，并且对学生已经具备的知识体系要做到心中有数。在此基础上，按照问题的难易程度进行问题的设计。

此外，教师还要结合学生的具体水平进行提问。对于英语水平较低的学生，教师可以提一些层次相对较低、只需要进行机械记忆的问题；对于英语水平较高的学生，可以提出一些难度较高的问题，这些问题的答案需要经过比较分析和总结才能得出，能有效地提升学生的思维能力。

3. 提问策略在大学英语教学中的运用

（1）提问计划

为达到预期的教学目标，在提问之前，教师要提前准备所要提出的问题，尽量避免即兴提问带来的逻辑混乱、语言表达不清的问题。具体来说，教师可以通过两个方面进行准备。首先，要明确自己提问的目的。该项工作应该在教师备课时完成，只有明确了提问的目的，才能有的放矢，根据不同的教学目标设计不同的问题。其次，要对提问的内容进行选择。由于学生会根据教师提问时的侧重点来判断学习的重点，因此教师要在对教学内容进行深入解读后设置问题，突出主次和重点，避免给学生造成错误的引导。

（2）问题设计

教师要采用恰当的方法和技巧设计问题，使问题尽量简化，并便于追问和调节，以此达到激发学生思维的目的。具体来说，教师在设计问题时要从以下几个方面入手：第一，要尽量简化问题，做到简单清晰，用学生易于接受的方式进行提问；第二，要以学生为中心，教师提出的问题要与学生本身的特点相符，还要注重学生主体作用的发挥，以学生思考为主，教师提示为辅；第三，设计问题时要讲求趣味性，问题不用只局限于教材，教师可以取材于教材，再加以润色和处理，使提出的问题尽量贴近学生的生活，这样能够激发学生的学习兴趣，提高其参与讨论的积极性；第四，问题的设置要遵循由浅入深的顺序，循序渐进地引导学生进行思考。

（3）提问控制

提问也要讲究一定的策略，方能达到应有的效果。这就要求教师在提问过程中足够灵活，如根据课堂中的具体情况，随时调整提问的方式，并从总体上把控提问的内容和进度。具体来说，教师需要做到以下几点：①要灵活地设计问题，使之融入教学设计中；②在设计问题时，要考虑学生的兴趣，以此来吸引学生的注意和参与；③所提的问题要言简意赅；④提出问题后，要给学生回答问题留出一定时间，让学生进行充分思考；⑤用一些对所提问题有所启发的非语言行为来提示和鼓励学生；⑥针对学生给出的答案不准确的情形，教师不要急于下结论，而是要继续提问，循循善诱，鼓励学生进行更深入的思考。

（4）提问评估

学生回答教师的提问之后，教师要给予及时的评估和反馈。这种提问评估策略有助于提问的有效进行。提问评估方式一般有引用、表扬和鼓励三种。引用方式是指教师在评估时，引用学生所说的话语，这种引用的方式既体现了教师对学生的认可，也能增强学生对自我的认可，还能增强学生的学习信心。因此，表扬的方式有助于增强学生的自信，尤其是对那些能力水平相对较低的学生，表扬还能增强其学习动力。鼓励方式在英语教学中具有重要意义。教师的鼓励有助于学生的学习。因此，对于所提的问题，学生给不出答案或回答错误时，教师不能泼冷水，以免伤害学生的自尊心，打击他们的自信心。面对这种情形，教师应给予适当的鼓励和提示，帮助其分析和找到正确的答案。

（三）激励策略

激励策略是指通过激励的方式激发学生的学习兴趣，提高学生的学习积极性。激励策略的运用对提升大学英语教学质量有着很重要的作用。

1. 激励策略的作用

激励策略的主要作用如下：第一，有助于激发学生的学习兴趣，增强学生的学习信心，具体的体现就是学生能够更加积极地参与问题的回答，使学习效率得到提高。第二，有助于保持学生的学习热情，使学生对学习的精力投入维持在一个水平。第三，激励能够促使学生向更远的学习目标前进，有信心去克服学习中的种种问题和困难，并从竞争环境中脱颖而出。

2. 激励策略的原则

任何策略的实施都离不开一定的原则。激励策略的原则主要包括兴趣性原则、自主性原则、自尊性原则、自我实现原则和归属感原则。

（1）兴趣性原则

要想提高学生的学习成绩，先要培养其对学习的兴趣。学生喜欢能够为其带来心理愉悦的活动；反之，则会对活动产生反感。因此，教师在教学过程中要重视兴趣性原则。面对学习这样一项耗时、艰巨的任务，学生若缺乏一定的兴趣，就会难以进入学习状态，导致学习效率降低。对此，教师可以从以下几点做起：首先，要投其所好，即善于把教学内容与学生的实际经历进行结合，并根据学生自身的特点和爱好来组织一定的教学活动；其次，在课堂教学中融入一些有趣的小故事，活跃学习气氛；最后，教师在教学过程中要避免出现令学生感到乏味的语音和表情，否则会影响学生对教学内容的兴趣。

（2）自主性原则

对命令的抵触反应是人们与生俱来的，因此教师在教学活动中要重视学生的自主性。学生都崇尚自由，厌恶强制性的活动。教师要尊重学生的自主性特征，调动其参与教学活动的主动性与积极性。具体可以从以下几方面入手：①学生可以对完成作业的地点、方式和时间进行自主选择；②针对学习目标，教师可以提供多种活动方式供学生选择；③提倡学生对自己的学习效果进行评估；④鼓励学生设立自己的学习目标，并为之负责；⑤鼓励学生要勇于发表自己的意见和观点，不用担心其他同学的嘲笑；⑥如果确实需要对学生的一些行为进行限制，教师要给出合理的解释，并听取学生自己的想法。

（3）自尊性原则

在教学过程中，教师要注意学生的自尊问题。自尊反映了他人对自己的一种尊重，这种自尊能有效激发学生的学习动机和学习兴趣，并有助于增强其学习信心。遵循自尊性原则，教师要做到以下几点：第一，营造轻松愉快的教学氛围，让学生摆脱紧张的心理，积极思考，畅所欲言；第二，教师要帮助学生树立正确的成败意识，让学生以一种平常心来正视自己在学习中的成功和失败，为获得更大的成果继续努力和奋斗；第三，对学生进行高要求和高期望，并在学生的学习过程中给予必要的引导和帮助来完成目标；第四，教师不应该只看重最后的成绩，只要学生付出了努力，就要给予充分肯定，鼓励其再接再厉；第五，鼓励学生和自己赛跑，对自己进行正确评价，并根据自己以前在学习中的不足之处，确立下一阶段的学习目标。

（4）自我实现原则

有的学生因为缺乏学习信心，会在学习过程中产生畏难心理，或丧失兴趣。甚至有些学生虽然将大量的精力投入了学习中，但依然得不到较好的学习成绩，是因为学习方法不当，对学习失去了兴趣。而那些掌握了学习要领的学生容易体会到成功的快乐，其对英语学习的兴趣也自然浓厚。学生并非先天就对学习持排斥的态度，而是因为在学习过程中受到了一些打击，导致自信心严重受挫。假如学生能从学习中获得成功，必然会充满喜悦。一旦学生的能力得到了证实，其学习动力越来越大，从而更加坚定了不畏困难和持之以恒的信念，这便是一种自我实现。对此，教师可以从以下几个方面入手：①让学生制定一套针对自己的评估标准；②为学生提供同级补考，不设置惩罚措施，也不进行成绩的对比；③教师在安排作业时，要充分考虑学生的实际能力水平；④对英语水平较高的学生，要安排一些挑战性强的任务；⑤采用人性化的评估标准，尽量避免将不在同一水平的学生进行对比，而给水平能力较差的学生造成压力。这种标准要既能让学习水平高的学生取得成就，又能让学习水平差的学生看到自己的进步。

（5）归属感原则

寻求归属感是每个人的本能。从心理学的角度来看，每个人在成长过程中都担心自己被孤立和被否认，都希望被认可和被接纳，因此总会寻找归属感。在学校这个大环境中，同样如此。对学生来说，无论其成绩好坏，都会在所在的班级里找寻自己的位置，希望得到教师和同学的认可，以融入班级这个大集体中。如果学生缺乏归属感，就会显得与其他同学格格不入，进而产生自卑的情绪，最后不但会失去学习的动力，甚至还会自暴自弃。因此，在实施激励策略时，教师要注重培养学生的归属感，使学生在学习过程中获得认同感和满足感，以此来有效提升学生的学习动力。为达到这一目的，教师可以采取以下措施：首先，要引导学生融入班级生活，并学会聆听他人的心声，使学生做到相互理解和相互包容；其次，教师要为学生树立正确的奖赏观，避免学生之间为了奖赏而进行不良竞争；再次，要尽可能多地组织小组活动以实现互惠互利，以此在培养学生合作精神的同时，也促进学生之间形成良好的依存关系；最后，在教学过程中，教师要注重学生的情绪波动，对学生在学习或生活中遇到的一些问题给予及时的帮助，避免学生因出现不良情绪而对其他学生产生负面影响。

3. 激励策略在大学英语教学中的运用

（1）兴趣激励策略

在教学实践中，最有用的策略就是充分利用学生的兴趣来进行兴趣激励。但是，兴趣是一种心理现象，不是短时间内就能培养出来的，而是需要经历一个较为漫长的过程。在心理学中有一种“重复定律”。该定律认为，不断对某一种行为或思维进行重复就能达到加强的目的。将这一定律运用于教学中，就是每当学生获得进步时，教师都能给予一定的鼓励，这样有利于培养学生对学习的热爱。如果当学生长期保持这份动力，就能养成爱学习的习惯。

（2）目标激励策略

教师在教学过程中，要设立明确的、合适的教学目标，这样也会激发学生的学习动机。因此，教师在教学过程中要根据不同学生的特点来设立合适的教学目标，并在学生实现目标的过程中给予必要的引导和协助。当学生完成学习目标时，学生会感到收获甚多。教师在进行目标激励的过程中，必须注意以下三点。

首先，要设立难度适当的目标。教师如果设立的学习目标太高，学生即使做出最大努力也难以完成，就会收到适得其反的效果。既达不到教师预期的激励目的，还容易使学生的信心严重受挫，对学习丧失兴趣；相反，如果教师制定的学习目标过低，学生不费吹灰之力就能达到这个目标，这样也难以达到激励学生的目的。

其次，设立的目标要具备层次性和阶段性的特点。由于不同学生的学习水平不同，教师要根据学生的实际情况来设立层次性的目标，让激励措施发挥有效的作用。而阶段性的目标可以让学生在每个学习阶段都获得成功的喜悦，能够不断地激励学生学习并保持他们的学习兴趣，提高学习的信心。

最后，教师在设立目标之后，应该帮助学生实现目标，对学生进行鼓励、激励与引导。

（3）榜样激励策略

教师可以选几个成绩优秀又乐于助人的学生作为全班的榜样，激励其他学生向榜样学习，进而使全班形成一种积极的、力争上游的学习氛围。还可以定期组织班会，请学习榜样分享学习方法。榜样激励策略还需要注意三个方面：①教师在选择学习榜样时，要选择那些既有稳定的学习成绩，也有乐于助人的品质的学生，请他们在班会上向本班同学介绍一些学习方法或学习技巧，使其他学生产生积极学习的欲望。②教师可以选一些成功人士的学习经历和励志事迹来激励学生学习。③每位教师都应该进行终身学习，不断提高自己的专业水平和综合素质。而且教师进行学习的过程对学生来说，也是一种榜样示范。

（4）情感激励策略

大学英语课堂中，教师与学生是共同参与者，教与学的过程是一种人际交往过程。心理学有这样的研究结果：情感对人类行为动力施以直接影响。因此，在课堂中教师与学生之间的真情流露与情感交流也能对学生产生激励的作用。此时，教师要注意以下问题：①教师在与学生交流的同时，要充分展现自己的人格魅力，让学生通过教师诙谐、幽默的讲述体会到学习的快乐。②对自己的学生应该充分地尊重与信任。当学生感受到教师的尊重和信任，会产生一种学习的力量和激情，会全身心地投入学习中去。③要对自己的学生充满期望。教师在教学过程中应该流露出对学生充满期望的情感，学生会在获得这样的信息之后产生内部力量，更加努力地去学习。

二、新形势下的大学英语学习策略改革

学习策略在语言学习中起着十分重要的作用，它为学生提供了基本的思路和行为思想，能够有效地促进学生的学习。语言学习的成败在很大程度上取决于是否具备科学的学习策略。以下内容是对学习策略的具体分析。

（一）认知策略

认知策略是指学生对待一项任务所采取的方法。其与学生大脑中的知识构成紧密相关，是大学生为了完成某种目的而形成的行动思路，在大学英语的学习中有着十分重要的作用。

1. 认知策略的内容

认知策略的内容可以概括复述、组织、猜测、联想、演绎、归纳、总结、意象、迁移、注意、精加工和简化十二项内容，具体的含义分别如下。

复述：对大脑接收的部分信息进行复述，形成记忆；

组织：将有关概念和词语按照一定的属性进行归类；

猜测：根据一定的信息来进行结果的预测，或是猜测词语的意思，对空缺的信息进

行填充；

联想：将所学到的知识进行联系；

演绎：根据一些既定的规则来对语言进行理解；

归纳：根据一些案例对规则进行总结；

总结：为形成较深的记忆，要周期性地总结所接收的信息；

意象：通过视觉表象的方式来理解和记忆接收的新信息；

迁移：用已有的语言知识结构带动新知识的学习；

注意：将思想集中于与学习有关的重要信息，并保持对信息材料的高度警觉性；

精加工：对已有的信息进行加工，将其整合为新的信息；

简化：运用简单的方式，如数字、符号、缩写、关键词等来进行信息的存储和记忆。

2. 认知策略的培养

作为重要的英语学习策略，认知策略也是学生应该具备的一种能力。认知策略具有程序性特征，因此该策略的学习方法要适应其特点，并让学生进行有意识地运用。

（1）举例示范

认知策略从本质上来说属于一项内在技能，体现了人类认知世界的规律。这种体现是内在的，无法从外部被感知。因此，教师要传授这种规律和概念，直观演示的方法不可行，只能用举例示范的方法，但如何在示范中让学生领略到策略的应用又是一大难点。

（2）反复练习与运用

学生在对认知策略的学习中会接触到一些高度概括的概念和规则，这就使得认知策略的运用具有很大的灵活性。因此，短期的训练根本无法使学生从规则中获得一定的认知行为，要想让学生具有较强的认知策略，就得让他们接受一段长期和反复的教学和练习过程，这样方能取得一定的效果。

（3）符合认知发展水平

认知策略必须建立在学生的认知能力的基础之上。因此，学生认知发展水平的高低会影响认知策略的养成。对低一级智慧的掌握是习得智慧和技能的不二途径。从这种角度来看，学生对认知策略的掌握也与其认知发展水平有着很大的关系。例如，在学生没有分类概念的情况下，教师很难使其用分类的方法来对知识进行记忆。

总而言之，大学英语教学的改革要求教师不再只是单一地传授基本的语言知识和语言技能，同时还要注重对学生认知策略的培养，这样才能真正有利于学生学习效率的提高。

（二）自主学习策略

自主学习是指学习者在无他人指导的情况下能够主导自己的学习。目前，对自主学习的看法有两种：一种认为自主学习是一种能力，另一种则认为自主学习是一种行为。如今，越来越多的人开始重视学习者的自主学习。最好的例子便是最新修订的大学英语教学大纲，学生个人学习方法的形成及自主学习能力的培养是教学改革成功与否的重要标志。由此可见自主学习的重要性。

1. 自主学习策略的作用

之所以大力提倡自主学习策略的培养，是因为其有以下两方面的作用。

首先，自主学习策略的习得是学生实现个体发展的需要。从我国实施英语教学课程以来，国家和学校都致力于提高学生的英语水平，投入了大量的精力和财力。然而，结果却是不尽如人意。在我国，人们的英语整体水平并没有得到很好的提高。究其原因，是在传统的英语教学模式中，教师只注重“教”，不注重学生自身的“学”，即教师一味地输出知识，却忽视了学生对知识和技能的接收。这种传统的教学观念显然忽略了学生个体之间的差异，过度强调唯一性和标准性。学习风格会对学习产生直接的影响，而不同的学生学习风格自然不同。这种风格上的不同有先天的因素，也有后天的因素。先天的因素显然无法改变，但后天的因素是可以采取一些手段来进行改善的。例如，对于某些风格上有缺陷的学生而言，可以加强其自主学习能力的培养，帮助其提升学习效果，使个人得到更好的发展。

其次，自主学习策略的习得有利于发展终身教育。随着科技的不断发展和进步，职业要求也随之不断攀升，仅凭学校所学的知识已经跟不上时代的步伐。只有掌握了自主学习策略，才能随时补充知识，促进自我价值的实现。因此，在个人的终身教育中，自主学习起着十分重要的作用。

在传统的观念中，人的一生由学习和工作两个互不联系的部分组成，因此传统教育体系也具有封闭性和终极性的特征。然而，终身教育体系的出现颠覆了这种观念。在终身教育体系观念中，教育具有长久性，是人们终身的活动，并且渗透在工作和生活中。因此，学生只有具备这种意识，掌握自主学习的能力，才能适应时代的不断变化和发展。

2. 农村生源的学生英语自主学习能力的培养

目前，高校里农村生源比重还很大，受我国城乡教育资源分配不均影响，往往自主学习意识薄弱，入学后相较于城市学生易出现难以适应大学教学模式的现象。因此，有必要加强对农村生源学生的自主学习能力培养的探索。以下主要从分析特点、摸索途径两方面来展开论述。

（1）来自农村的学生自主学习的特点

对农村学生来说，他们在大学以前接触的大多是传统的英语教学。这就导致了其自主学习能力相对较弱的情况，从而出现不适应。总的来说，有以下四个方面的特点。第一，从学生自身角度来看，由于其在农村长大，不可避免地会受到方言的影响。因此，往往会出现英语发音不标准的现象。另外，由于传统的英语教学主要是为了应付考试，长期忽略对听说能力的培养，因此，农村学生的听说能力较弱，遇到自主学习中涉及口语和听、说的部分会显得力不从心。第二，从外部因素来看，农村学生成长的环境缺乏英语氛围，基本上接触不到外国文化或者外国人。因此，其英语交际能力薄弱，缺乏较强的文化意识，对英语学习的认识只能停留在应试层面。在这样的情况下，他们大多局限于学习和掌握课本知识，极少接触课外知识。当他们自主安排学习时，由于不会运用各类现代资源，从而导致学习资源有限，视野无法打开。第三，从心理层面来看，相较于城市学生的优越心理，农村学生由于自身家庭条件等因素，入学后往往显得自卑和被动，即使在学习中遇到问题时，也不太愿意寻求教师和同学的帮助，更倾向于通过自己的摸索去解决。第四，由于农村学生接触网络的机会较少，不能熟练运用和操作计算机软件来辅助学习，这在某种程度上也打击了农村学生自主学习的积极性。

以上分析的主要是农村学生具有的劣势特点，以下将对其优势展开分析。首先，农村学生的幸福感较高，这种幸福感来源于对大学师资力量和教学设备的满意，对新的环境和教学模式的好奇。因此，农村学生在学习过程中会表现出极大的热情，相较于城市学生，能更好地配合教师对自主学习的安排，并努力完成学习任务。其次，农村学生更加珍惜教育机会。由于我国教育资源长期分布不均，进入大学的农村学生多为平时努力刻苦而成绩优异的学生，这些学生会更感恩家庭的支持，在学习中会更加有毅力。对英语知识的掌握需要一个积累的过程。要想在听、说、读、写、译等方面取得进步，就必须进行大量的练习，农村学生具备吃苦耐劳、刻苦钻研的精神，这也是学生获得自主学习能力所必备的一个条件。

（2）提高农村生源学生英语自主学习能力的有效途径

上述对农村学生具有的特点进行了阐述。在此基础上，我们再来探索提高农村学生自主学习能力的途径。在大学英语教学中，教师发挥着极大的作用。因此，要提高农村学生的自主学习能力，教师应该采取一定的措施来促进农村学生自主学习能力的培养。具体来说，有以下三种途径。

首先，教师要把提高农村学生的自主学习意识作为首要任务。在进入大学校门以前，农村学生在英语的学习过程中大多是被动学习和接受，常常依赖于课堂和教师的指导，缺乏学习独立性。面对这种情况，教师要加强对学生的思想引导，让其具备正确的学习观念，并逐步摆脱对教师的依赖，养成自主学习的能力。另外，教师要提倡学生对自己的学习负责，学会管理自己的学习时间。在此过程中，教师要给予必要的指导和帮助，协助学生找准自己的学习方法，提高学习效率。

其次，要对课堂教学内容进行优化，并组织丰富的课后学习活动。在课堂上，教师指导学生进行自主学习时，可以利用多种视频和音频手段，最大限度地激发学生对英语的学习兴趣。此外，教师要注重过程性评价，即提倡自主学习成果的展示，以此来达到活跃课堂氛围、调动学生学习热情的目的。在课后，教师可以挖掘更多有益的学习资源，增强学习的趣味性和文化性，以此来扩大学生的词汇量，激发起学习动机。这样既有助于提高学生的听说能力，又有助于开阔学生的视野。在课后学习资源的选取上，要多选用反映西方国家文化习俗的材料，这样能增强学生的跨文化意识。此外，还可以借助自主学习系统等网络平台来帮助学生进行自主学习，如学生与教师共享一些书单或教学内容，这样能增强师生之间的互动交流。通过打造多种课堂和课后的学习渠道，营造良好的学习氛围，增强学生的学习积极性和自信心。

最后，教师在教学过程中，要充分尊重农村学生的特点和个体差异。在平时的教学活动中，教师要多与学生进行互动和交流，了解他们的思想动态，并提供及时的帮助和指导。这样能使学生更快地适应大学学习模式，并树立英语学习的近期目标和远期目标。此外，还应加强学生对英语学习的认识，让其意识到学习的目的不仅是应付考试，更重要的是满足社会的需要以及实现自我价值。在课堂上，可以尽可能多地对农村学生进行提问，帮助其克服自卑和被动的心理，并且还应给予更多的关注和肯定。此外，在课后，教师要多与农村学生进行交流，建立一种轻松的师生关系，这样有助于其克服焦虑心理，在后续的学习中积极地参与课堂活动。

综上所述，对学生自主学习能力的培养不仅是实施终身教育所需，也是大学英语教学改革中重要的环节。为适应时代的变化，教师要不断充实自己，转变教学观念，调整自己在教学中的角色，还要注重对学生自主学习能力的培养。虽然相较于城市学生，农村学生难以很快适应大学的教学新模式，但只要教师能从农村学生的具体特点着手，并采取有效的教学措施，就能加快农村学生对大学英语教学模式的适应，提高其英语综合运用能力，更好地掌握自主学习能力。

（三）研究性学习策略

研究性学习策略的推广有利于大学英语教学改革。该策略不仅有助于学生自主学习能力的培养，也有利于其创新思维和实践能力的提升。之前在探讨大学英语教学模式改革时专门介绍了研究性学习教学模式，这里主要以学生的视角来探讨学生在研究性学习过程中存在的一些误区，以及如何正确地培养研究性学习的意识，以帮助教师获得良好的反馈。通过实践不断反思，进而达到较好的教学效果。

1. 研究性学习当前存在的误区

目前，研究性学习存在一定的误区。归纳起来，主要有以下三点。

第一，研究性学习应该占主导地位或完全取代接受性学习。这种误解的出现是由于对研究性学习和接受性学习两者之间的关系没有足够的认识。研究性学习是一种探究性的学习和方法，这是其与接受性学习的区别所在，差异的存在并不代表两者不能共存。实际上，无论是从学习的角度还是从教学的角度，这两种学习方式都不能独立存在。在传统的教学模式中，接受性学习一直占据主导地位，即学生被动地接受教师所传授的知识。而如今，随着网络技术的广泛应用，学生拥有了更多自主学习和探索的途径。研究性学习模式正是这个时代的产物。但在进行研究性学习之前，学生必须通过接受性学习获得一定的基础知识和对知识的系统性认识。这也正是进行研究性学习的前提。此外，通过接受性学习，学生能在相对较短的时间内对所学知识的重难点进行把握，因此在进行自主学习时能够做到有的放矢。这样不仅能为学生提供正确的学习方向指引，也有助于学生的研究性学习。在大学英语学习中，基本功不扎实将直接影响到学生的研究性学习。例如，学生的词汇量不足会影响其在研究性学习中对某些问题的讨论深度。这些都需要通过接受性学习来获得。因此，接受性学习是进行研究性学习的必经之路，两者相辅相成，缺一不可。对此，教师在安排教学内容时，要统筹考虑安排，让学生正确灵活地应用这两种学习方式。

第二，研究性学习重“研究”、轻“学习”。这种误解是由于对研究性学习的本质不理解。从字面意思来看，研究性学习的含义可理解为用研究性的手段来达到学习目的。这里的“研究”是手段，不是目的。研究性学习的落脚点仍然是学习。大学英语作为一门文科类的专业，并不能做到像理工科那样，仅通过实验研究和数据分析就能达到目的，获得成果。我们提倡的大学英语研究性学习是指将研究作为一种认知方式来促进学习，其重在过程而不在结果。研究性学习在于让学生在学习过程中开阔视野，对各类英语资源进行探索，并能够学以致用，从而提升自身的英语交际能力，进而提高综合素质。由此可见，对英语的研究性学习并不一定要体现科研的特点，其注重学生对相关话题的探索。

第三，教师在研究性学习中只是旁观者。在传统的接受性学习中，教师占主导地位，无论是在知识的传授上还是在课堂上，都是如此。在接受性学习模式中，教师负责讲，学生主要是边听边记笔记。在研究性学习中，情况发生了变化。学生由被动变为主动，课堂教学以学生为中心，强调学生的自主性学习和探索性学习。有些人认为，在这样的学习模式中，课堂以展示学生的研究成果为主，忽视教学内容，教师只用旁观者的视角对学生的成果进行评价和总结，这在课堂上作用不大。这种误解在于没有明白教师在研究性学习中的角色，也忽视了教师在研究性学习中应该达到的要求。

实际上，在研究性学习的过程中，教师要全程参与。首先，要帮助学生构建研究的框架，保障可实施性。其次，在研究过程中，教师要给予适当的引导和帮助，并进行监督和实时评估。因此，教师在研究性学习中要扮演多重角色，其作用体现在学生的整个学习过程之中。具体来讲，有以下几点：①决策者。在学生开展研究性学习之前，教师要对研究的课题有大体的了解，确保学生选择的课题具有一定的意义和深度，预估学生在学习中可能涉及的内容，结合其实际情况做出必要的调整。②组织者。在学生的研究性学习中，教师要帮助学生组织相关的学习活动。③指导者。当学生在学习过程中遇到困难和问题时，教师要给予及时的指导，帮助学生及时解决疑难问题。④促进者。在学生开展小组活动时，教师要进行适当的协调，确保研究的顺利开展和进行，促进学生团队协作精神的养成。此外，研究性学习的顺利开展还需要教师做到以下几点。首先，教师要充实自己，不断学习，始终保持最先进的教学理念。对研究性学习的相关问题要有深刻的认识，只有教师的能力达到一定的水平，才能有效推动研究性学习。其次，教师要不断地扩充自身的知识储备，并且注重教学科研能力的提高。再者，教师要具备一定的团队合作意识和组织能力，这样才能促进学生研究能力的提高，使其养成创新精神。此外，还要注重对学生实施情感性教育。综上所述，相较于接受性学习的教学模式，面对研究性学习，教师要付出更多的努力与心血。

2. 研究性学习策略的培养

以上分析了人们对研究性学习策略的认识误区，为消除这些误区，教师应从以下几方面入手。

（1）加强理论学习与方法培训

教师要深刻理解研究性学习理论，在此基础上，对学生展开理论与方法培训，使其在进行研究性学习之前具备坚实的理论基础。这样有利于研究性学习的顺利开展，有利于提升学生的学习效果。

（2）设计研究主题，重视学习过程

在教学过程中，教师要充分研究大学英语课程的特点，对研究的主题进行精心设计。研究性学习的终极目的在于让学生具备综合应用能力以及自主学习能力，因此教师要充分重视学生的学习过程。首先，激发学生的兴趣和对学习的积极性；其次，引导学生灵活运用英语这项语言工具进行课题研究。

（3）采用多方位的评价机制

要判断学生在研究性学习中取得的学习效果，需要一套评价机制。研究性学习注重的是过程。因此，在评价过程中，无须讲求研究成果的科研性和独创性，最主要的是对学习的过程进行形成性评价和多方位评价。注重对学生资源利用能力、学习方法和团队合作能力等方面的考查。

研究性学习是基于传统学习的一种教学观念和方法的更新，需要教师在实践中进行推广。由于教师的教学实践是其观念的最直接体现，只有教师本身不断地在实践中进行探索、反思和总结，才能更好地推动大学英语教学的改革，取得较好的教学效果，也有利于提高学生的自主学习能力，从而实现其综合素质的提高。另外，我们也要辩证地看待研究性学习，虽然它是一种有效的学习英语的途径，但并不是唯一的途径。因此，教师要选择性地吸收其中的教学理念，并不断地进行开拓和摸索，实现英语教学的创新发展。

（四）交际策略

英语学习的主要目的在于交际。因此，交际策略的掌握对学生至关重要。交际策略要求交际者会用语言表达思想，并让对方明白自己的意思。以下内容将对交际策略的类型和交际策略的培养手段进行详细介绍。

1. 交际策略的类型

交际策略可分为五类，分别是词汇策略、知识策略、重复策略、手势策略和回避策略。

（1）词汇策略

词汇策略是以词汇为出发点的策略，主要包括目标语策略、迂回说法策略、创造新词策略、近义词策略、同义词策略和反义词策略。

（2）知识策略

所谓知识策略，即学习者根据既有的常识与经验，通过联想来借助目标语表达某个词语的含义的策略。这种方式可以分为举例、文化特征和比喻三种。

（3）重复策略

所谓重复策略，是指讲话人通过复述自己已经说过的话来引起对方的注意的策略。

其目的是让对方思考自己的话语，并理解其中所表达的含义。

（4）手势策略

所谓手势策略，顾名思义，是指发话人用话语加手势的方式来表达自己的想法的策略。其目的在于让对方更快更好地领会话语中所要传达的信息。

（5）回避策略

所谓回避策略，是指交际者针对某个话题不知如何表达自己的想法时而放弃参与的一种策略。

2. 交际策略的培养

交际策略离不开后天的培养，培养的途径主要有以下两个方面。

一方面，要注重交际策略的运用。在参与交际活动时，注重对策略的运用，才能有效促进对交际策略的掌握。因此，在交际活动中，交际者要克服自身的紧张心理，勇于表达观点和看法。不要过分注重交际的形式，以交际内容为重点。为推动交际活动的顺利进行，交际者还需要借助一定的策略来解决可能遇到的语言问题和困难。在长期的训练过程中，学习者能掌握更多的交际策略，从而提升自身在交际场所的自信，最终达到较好的交际效果。

另一方面，要积极参与交际活动。要具备交际策略，就不可避免地要参加交际活动。只有积极地参与交际活动，不惧在与他人交流的过程中出错，这种真实的交际环境才有利于交际能力的提升。

交际策略对于英语的学习十分有利，学习者若是能将此策略灵活用于各类真实的交际场合，就能真正体验到英语的用处，对提高自身的英语综合运用能力将大有裨益。

第二章　新媒体在大学英语教学中运用的理论基础

大学英语作为高校非英语专业学生的一门外语课程，属于外语教育的范畴。从其学科属性来看，大学英语教学是教育语言学的研究对象，其理论基础离不开教育学、心理学、二语习得等，也离不开哲学的指导。本章重点探讨了新媒体在大学英语教学中运用过程中的主体间性哲学基础、教育学心理学理论基础和语言学理论基础，为之后探讨新媒体在大学英语教学中运用的基础上课堂教学设计原则模型奠定理论基础。

第一节　哲学基础

研究大学英语课堂教学模式，有必要系统全面地分析把握教学系统的要素，明确各要素之间的关系。根据系统论原理，教育者、受教育者、教育内容、教学工具这四个方面共同组成了一个完整的教学系统，也就是通常所说的“四要素”。这四种要素在整个教学过程中是紧密联系、不可分割的，它们共同加入教学环节中，相互配合，相互作用，保证教学系统的正常进行。在新的时代背景下，受到新媒体的猛烈冲击，传统的教学系统在信息技术的冲击下面临解构，大量教学技术元素的融入，导致传统教学系统四要素的内涵及其相互关系发生了根本性的改变，需要进行哲学意义的重构。人们可以从不同的哲学观出发，对现代教学系统进行剖析。例如，从联通主义（connectivism）的理论视角，探索现代教学系统四大要素之间的关系和关联以及各教学子系统因此而呈现的动态网络。

鉴于大学英语的语言课程性质，需要从主体性出发，对大学英语课程教学系统进行研究，这是因为言语建构人的主体性，为人类表征世界提供资源。大学英语课程的教学系统中充溢着“教（师）”与“学（生）”的主体性。根据功能语言学理论，在功能言语层面，功能性言语标记（概念功能、人际功能和语篇功能）又使主体间性成为可能。在语言哲学的视域中考察主体性和主体间性的建构过程，通过语言是人的主体性向主体间性的发展是一种必然趋势。下面从主体间性理论的哲学视角，对大学英语课程教学各要素及其关联进行探究，旨在探讨能够顺应新媒介时代发展的大学英语教学模式。

一、主体间性哲学观与间性理论

19 世纪末 20 世纪初，西方现代语言哲学的产生和发展，在一定程度上，标志着哲学从主体性向主体间性的转变。“间”（英文词缀 inter- ）意为“在……之间”。主体论认为，“间”是事物存在的最为普遍的方式。任何事物之间都是相互联系的，主体事物和客体事物都不能脱离彼此而单独存在，只有在相互“间”的作用下才能得以存在。间性（intersexuality）的概念最早源自生物学研究，之后逐步拓展到认知及心理学领域，并且得到了广泛的认可和传播，进而更深层次地拓展至人文科学领域，并且在各学科的研究和总结中成为一种广受推崇的理论共识。所谓间性，主要指一般意义上的关系或联系。间性理论作为主体间性（mtersubjectivity）、语言间性（interlingualism）、文本间性（intertextuality）、文化间性（interculturality）、媒体间性（intermediality）等诸理论观点的综合，强调“你中有我，我中有你”，其哲学理论的依据便是主体间性。作为 20 世纪西方哲学凸显的一个范畴，主体间性作为其中在 20 世纪广受认可的哲学理论，是一种反主体性、反主体与客体相分离的一种相对科学的、进步的思维认知哲学。这种思想认知注重主客体之间的相互作用关系，认为两者之间的关系是平等的，不可分割的。现象学运动的发展造就了主体间性理论的发展和传播。现代西方哲学中，很多流派都从不同角度对主体间性问题做了探讨，出现了各种流派，如伽达默尔基于解释学理论视角的“视域融合”说，基于社会交往理论的交互主体说，以及海德格尔基于生存论哲学的主体间性理论等。由于这些理论本身的局限性，并没有真正解决主体间性问题，主体间性问题应当在马克思主义哲学视域下，寻求科学辩证的解答。

尽管作为当代哲学的世纪之谜，主体间性这种哲学观点和研究视角还存在一些不足，需要逐步完善，但其已经被诸多的学科和领域所运用，并成为一种研究的新视角和新思路。这种哲学理论被广泛运用于人文科学领域，特别是为跨学科研究提供了哲学基础，也为外语教育研究开阔了新的视野。

除了以上所讨论的主体间性的基本概念以及间性理论中“你中有我，我中有你”的哲学内涵，其他相关概念如媒体间性、语言间性、文化间性、文本间性等也是学界所关注的重点。

基于间性理论的媒体间性，强调的是媒体中各个组成部分相互间的关系，因此也被称为“媒体相互性”，媒体间性就是沟通媒体的共性和个性之间的重要纽带。新媒体强化了师生主体之间、学生主体相互之间的主体间性，新媒体的多向性和互动性也加速了主体间性的进程。

在语言运用中，经常出现语言的指称与所要表达的意义以及情感等方面不协调的问题，语言间性指的就是这种不协调的现象。也就是说，语言间性是交际双方在语言运用过程中所表现出的一种沟通障碍。语言内在的差异性会带来语用双方对语言的理解程度不同，而这种差异性则说明了语言系统是一个开放性和封闭性共存的整体，具有二元性。由此可知，语义也就理所当然具有二元性。作为二语习得研究领域中一个相当重要的概念，中介语（inter language）就是语言主体间性的一个主要表现，其是二语习得过程中一种具有过渡性质的特殊语言系统。这种语言系统无论是在词汇的发音和用法上还是在语法和语用中，既不同于学习者的本族语言，也不同于学习者所要学习的语言，是伴随着二语学习者的学习进程而逐步脱离本族语言，向所要习得的目的语靠近的一种语言系统，具有动态特征和发展特征。可以说，中介语是沟通母语和目的语的桥梁，是二语习得的必经之路。通过中介语，学习者会在二语习得的过程中随着知识的储备和经验的积累，不断调整中介语的状态，向目的语逐步靠拢，最终实现语言习得的目标。另外，在宏观上，中西语言文化交流史，特别是语言的同化和异化现象，为语言的主体间性理论提供了佐证和补充，为如何保持语言文化的多元性，为语言的发展提供了重要的参考。因此，在国家宏观语言政策方面应对此予以充分的重视。

将间性哲学理念引入文化领域，便衍生出现在所谓的“文化间性”。文化间性指的是不用文化主体之间的交流与沟通，因此也被称为“跨文化性”。它反映的是不同文化主体间和谐共生、相互沟通、共同发展以及意义生成等方面的一些特征。在大学英语教学中，对文化间性的研究有助于加强线上的跨文化素养。

文本间性也叫互文性，是指一个确定的文本与它所引用、改写、吸收、扩展或在总体上加以改造的其他文本之间的关系，即任何一个文本中都包含着以各种可辨认的形式而存在的其他文本。“互文性”实质上是“语篇间性”（文本间性），既包括“跨文本性”（transtextuality，即不同特定文本之间的关系），也包括“文本关涉性”（intertextuality，即某一文本通过记忆、重复、修正而向其他文本产生的扩散性影响）。互文性理论吸收了解构主义、新历史主义、后现代主义等流派的合理因素，被用于文学批评、翻译、话语学等领域，并在理论阐释上不断创新。例如，中国社科院哲学所青年学者刘悦笛根据文学研究提出了“复合间性”。刘悦笛认为，“复合间性”涵盖了“文本间性”和“主体间性”这两种间性的性质，同时在它们的基础上进一步升华，具有一种更加深入的间性结构。文学“复合间性”不仅是作者本人和作品的互动关系，还包括读者和文学作品的互动关系，参与这种互动的文学作家和文学鉴赏者都具有“主体间性”，而文学作品本身作为一种文本形式的存在，也相应地具有“文本间性”。因此，由作者、作品和读者共同组成的这种交互结构便形成了一种联系紧密的对话体系。

通过分析大学英语课程的学科属性及其教学系统的四要素，主体间性、媒体间性、文化间性、文本间性等间性理论视角是探讨解决大学英语教学的重要哲学基础。

现代教育手段和外语课程的调整与整合表明了间性理论作为二语习得理论支撑的必要性。教育者、受教育者、教学设备、教学内容这四者之间并不是单独存在的，而是相互作用、相互影响的统一整体。在现代信息技术条件下，现代教学媒体作为一种新型的教学设备，其功能越来越强大，它在一定程度上改变了教育者、受教育者和教学内容之间的关系，在很大程度上加快了信息传播和信息转化的效率。

第一，对教育工作者来说，作为一种重要的教学工具，在组织和实施教学的过程中，教学媒体的合理使用可以在一定程度上减少老师在传统方法下不必要的工作，提供师生互动的良好环境，加强师生间的对话；对外语学习者而言，教学媒体是一种学习知识和提升认知能力的工具，可以帮助学生提高学习效率和学习能力，增加学习者获取知识的有效途径。根据主体间性，受教育者和教育工作者之间具有密切的联系，媒体教学中受教育者的主体地位和教育工作者的主导作用相辅相成，密不可分。这是教育模式转变的一种新型的思想基础。

第二，当今社会，信息和技术快速发展，教育工作者和受教育者都具备一定的媒体素养，并且他们所具备的这种媒体素养各不相同，呈现出不平衡性。由于受教育者比较年轻，容易接受新鲜事物，其信息素养可能比年龄较大的教育工作者相对高一些。因此，在实际的教学活动中，受教育者在信息技术应用和传播方面比较活跃，这也在一定程度上影响着教学关系和教学方式的转变。

第三，由于信息技术的发展和新媒体的广泛应用，教学资料也逐渐向资源化和共享化的方向发展，教学材料也从单纯的纸质类教材向网络化和立体化的方向发展，教学内容更具多样性和易于获取性，其表现形式也逐渐向多样性和数字化方向迈进，而且实现了教育工作者和受教育者共同参与教学材料的构建。新媒体在教学中的运用，使得传统的教育方式和教育内容得到了改进，更好地促进了师生之间的对话。

由此可见，从主体间性理论出发，对教学系统四要素以及其之间关系的研究，对于大学英语教学方式的研究和探索大有裨益。

二、间性理论指导下的多模态课堂教学原则

“间性”哲学思想对于高校外语教育的发展和完善具有十分重大的意义，是高校英

语改进的领路者和指南针。主体间性颠覆了传统的教与学的关系，通过师生互动，实现相互提升、丰富和发展双方主体个性的目标；媒体间性指引着教学媒体的融合与发展，在很大程度上刺激了信息技术和外语教育的双向交叉式发展，有助于改进多媒体、多模态课堂教学效果；文本间性的研究对于语篇层面的语言学习非常重要，特别是在文学作品欣赏、话语分析、翻译及其研究中是一个重要的研究视角；要提语言的学习必然要提文化的学习，而文化间性则更加强调外语教学中母语文化和目的语文化的沟通和交流，有助于构建新型的大学英语教与学的文化，培养学生跨文化素养。

（一）基于主体间性的交互性教学原则

坚持主体间性的语言观和外语教学观有助于还原外语教学的本真特点。主体间性所提供的新的哲学范式和方法论原则，将对外语教学的目的、过程和师生关系等产生积极而深远的影响。教育者和受教者是外语教学活动的主体，而教学内容则是外语教学活动的客体，在实际的教学活动中，三者之间的关系其实是“教师—教育内容—学生”这样的一种结构关系。

主体间性理论的实质是主体交互性，目前我国高校大学英语教学中普遍遵循的“教师主导—学生主体”（以教师为主导、以学习者为中心）的教学原则深刻地体现了主体间性这种哲学理念。其一，主体间性理论十分注重文化交流中的深层次内涵，即人性，注重发掘主体活动的主观性和能动性；其二，主体间性理论并不是对于主体性理论的彻底否认，认为主体间性是主体性存在的重要前提，既要注重活动主体之间的交流和沟通，也应该认识活动主体之间的特殊性。教育活动是学生的主体性和主体间性的统一。

教师和学生之间应该是地位平等、互相影响的，这是间性理论指导下外语教育的出发点。在这一思想认识的指导下，逐步实现师生之间的合作共赢关系，建立一种良性发展的教育机制，构建一种科学的、发展的师生关系。首先，教育工作者要实现教学思想的转变，打破传统教育的认识常规，注重学生的主体地位，树立“主体交流—主体参与—活动—发展”的新型教学观点，向教师的多元化角色方向发展；其次，要把这种思想观念的转变切实运用到实际教学过程中，改进教学方法，丰富教学内容，实现教育模式的创新和发展。

主体间性视域下，师生主体的定位意义重大。共治与合作是教育工作者最重要的教学观念。老师最关注的问题不应该是其在教学过程中运用了什么样的教学工具，而应该注重学生主体性地位和自身主导地位的发挥程度，以及通过怎样的方法更好地和学生实现互动，在合作和分享中实现教学目标。新媒体作为一种教学工具，只是高效实现教学目标的辅助。在对交互性学习和协作型学习的教学方式进行肯定的同时，当然也不能否定学生独立获取新知识的途径，这恰恰体现了个体认知和分布式认知之间的相互作用。学习具有建构性和积累性，学习者通过积累，在现有知识和技能的基础上不断获取新的知识和技能。除此之外，学生之间存在着差异，学习能力不同，学习风格和学习方法各异，对待学习的态度和学习动机也各不相同，这就要求教育工作者在教学过程中要把学生的差异性考虑进去。

教师和学生的角色相辅相成。宏观上，教师要做教育工作的主导者，而受教者应当成为学习的主体；在整个教学过程中，教师和学生都应当具有创新精神，争取自身的发展和进步。在信息技术背景下，要实现教育与技术的融合，需要教师的有效引导，也需要学生的自我构建。

在教学过程中，学生作为发展的主体，围绕教育内容，与教师共同构成教育主体对学习主体的师生关系；与教育内容本身一起构成学习主体与学习客体之间的间性关系。在外语学习过程中，通过它们之间的相互联系，实现了教育内容的拓展和优化，也实现了教师和学生的共同发展。也就是说，在这种学习观念的指导下，受教育者与教育内容之间相互联系，通过两者之间的平等对话，实现最终的学习目标。

交互性原则不仅是一个教学组织原则，反映了教师的教育理念和课堂教学方法，它也是一个学习行为原则，能够反映学生的学习态度和学习方法。

（二）基于媒体间性的多模态教学原则

对媒体间性的研究在一定程度上有利于媒体教学的发展和教学方式的转变。媒体间性这个概念很早就产生了，并不属于新生事物。随着新媒介时代的到来，媒介融合（media convergence）逐渐进入人们的视野，并且得到了广泛而深入的研究，也引发了人们对媒体间性的关注。

媒体间性主要包括以下几个方面的含义。①多媒体，侧重于不同媒体之间的交流和整合。②多模态，强调交流模式的多样性。③具有构件属性的媒体之间相互作用关系。因此，多媒体、多模态、超文本性等都体现了媒体间性的明显特点，这些特点在很大程度上使人们改变了对传统识读能力的认知标准，对其的评价和界定也随之发生了变化，由此引发了教学系统的转变。新媒介的运用为学习者提供了灵活和丰富的学习内容与学习环境，极大地提高了英语课堂的趣味性和积极性，更加注重学生与学生、教师与学生之间的交流，为英语课堂的构建提供了新的方法和手段，有利于英语课堂的生态构建。

融入了新媒介技术的英语教育系统，摆脱了传统的教学模式，是一种动态的、发展的系统，它注重与外界的交流与沟通，呈现开放性的特征。受到教学媒体要素的深刻影响，教学系统各大要素都融入了一定的技术因素，使得教学系统更加复杂和多变，也正是现代教学系统的这种复杂性和多变性为大学英语教育教学改革创造了宽广的发展空间。教学系统要素之间的相互影响和相互作用，为教育事业的良性发展提供了可能性。在复杂的、多种多样的交互关系中，更应该重视教育者与受教育者之间的相互作用关系，加强两者的对话和沟通，同时要特别注重学习者学以致用能力的提升。师生之间、生生之间的对话与沟通并不是我们通常理解的语言的交流，这种沟通包括直接的沟通和间接的沟通。间接的沟通往往是一种无意识的、真实的情感反应，是一种随性的活动，如体态语言的运用、表情的微妙变化以及眼神的运用。这种随性的交流方式有时会比单纯的语言沟通要真实有效得多，也更能帮助学习者更好地理解教学内容，促进学生独立构建语义网络的能力以及协作共进的素养。另一方面，由于计算机网络技术在大学英语教学中的普及，基于网络的或真实或虚拟的师生交流、生生交流以及学生的自主学习大大拓宽了教学的边界，成就了学生的个性化学习成长，培育了学生的团队意识和合作精神。

新媒体对于大学英语教学具有广泛而深刻的影响，这种影响凸显在教学过程中的方方面面，尤其体现在它对教师和学生的影响。教师要摆脱传统的观念和教学模式，开放思想，紧跟时代潮流，与新媒体条件下的教育教学相适应，正确地认识新媒介的作用，既不盲目夸大，也不故步自封，积极探索多媒体、多模态的教学。在新媒介环境下，教师在教学设计中往往注重新技术、新媒体的应用，而忽略了学习者的学习主体的地位，反而适得其反。新媒体只是一种教育教学的辅助工具，在任何时候都不能逾越学习者的主体地位。在认知科学对于有效记忆等相关问题研究的基础上，多媒体学习认知理论关于多媒体学习提出了三个假设，即双模加工（dual channels）、能力有限性（limited capacity）、积极加工（active processing）。这些假设认为，人类对于语言的加工和对于视觉图像的理解是两个彼此独立的过程，而且两种加工并不同时进行。因此，在学习的过程中要做到合理地选择和组织所要处理的信息，这样才能实现有效学习。根据多媒体学习认知理论，在教学设计中，一是要采取连贯性、侧重性、冗余性、空间连续性、时间连续性等原则，消除与学习目标无关的认知过程；二是要采取分段原则、预演原则和模态配合原则。管理好呈现学习材料的心理过程及材料内在复杂性等认知过程；三是要采取多媒体原则和个性化原则，通过组织、集成等深层认知，促进产出性认知过程。多媒体学习认知理论对于多模态英语教学具有重要的指导意义。

多模态化是新媒体教学的表象特征，也是交互性原则和跨文化原则在具体教学活动中的体现。多模态教学在很大程度上扩展了教学资源，实现了教学资料的极大丰富，促进了教师角色的多元化和教学资源的数字化。随着信息技术的发展和多媒体设备的多样化，计算机机房、校园局域网、平板电脑、智能手机等设备日益增多，学习者可以通过这些途径获取知识和信息，实现数字化、网络化、立体化的学习资源和学习环境。这就要求教师提高个人的各项素养，尤其是信息素养，积极探索多媒体、多模态的教学与研究。

在经济全球化、交流信息化、文化多元化和语言多样性的背景下，人们的语言运用方式得到了发展和重塑。在新媒体和多模态的背景下，学生也要掌握相应的交流技巧，提高自己使用多媒体技术的能力，掌握多模态交流技巧，学会运用多媒体搜集和分析信息，还要学会运用故事报告等不同文体以及书面、视觉、口头、色彩等多种模态开展有意义的数字化学习和交流。数字化交流远远超越了传统的文字和文本模态，还可包含静态图表、画面、动画、色彩、音乐、录音等。多模态化是数字化英语教学的重要特征。大学英语教学面临着向数字化、多模态的教学转型。

（三）基于文化间性的跨文化教学原则

随着经济全球化的发展，跨文化交流和跨语言沟通成为一种必然趋势，外语教育政策理所当然成为我国关注的重点问题，也上升为国家的重要语言战略。自改革开放以来，英语教学在大学教育中的地位日益凸显，受重视程度越来越高，这在一定程度上反映了国家对英语教学支持的坚定性和连续性。

文化间性更多地体现了跨文化哲学的主要特征，体现的是在跨文化背景下，多元文化之间共存共生、交流共进以及意义的生成等显性特点。一种复杂的隐性间性在语言的基础上产生，又在一定程度上超越了语言的存在。高校外语教学过程中，应该把文化间性的原则始终贯穿在教育教学当中，既要重视主体间性，又不能忽视文化间性的运用。同时，将文化间性和媒介间性相融合，同时多媒体手段的运用促进了文化间的交流和沟通，实现文化共同发展的目标，开发和利用多重文化资源。数字化移动通信工具的风靡和普及改变了传统的教学方式，各种移动端的设备再也不会被教师单纯地视为课堂的干扰因素，反而成为教学课堂的助力工具，开始参与课堂的交流和互动，如微博、云盘、浏览器、QQ、微信以及各种各样的学习软件。在这种形势下，手机作为一种新媒体形式，不再是单纯的通信工具，而是成为一种教学互动的工具，改变了传统的教学理念和教学模式，在一定程度上成为学习者之间以及学习者与教学者之间的交流工具。

在大学英语教学过程中，还有一个不可忽视的因素，那就是跨文化性。这种跨文化性体现在英语教学建设的方方面面，也体现在学习者参与英语学习和英语实践的各个方面，这不仅反映了高校的整体文化氛围，也反映了教育工作者的跨文化素养和教学水平，更有助于培养学生的跨文化交际意识。

（四）基于语言间性的外语教学原则

大学英语课堂教学除了应该遵循上述交互性教学原则、多模态教学原则、跨文化教学原则外，大学英语的课程性质以及大学英语教学研究的学科属性决定了其必须遵循外语基本教学原则，如基于中介语、母语迁移等二语习得理论的教学原则。

（五）基于间性整合的教育生态学原则

正如陈坚林接受《信息技术与外语课程的生态化整合》专访时所说，随着基于计算机和课堂的大学英语教学模式的普及，仅仅运用建构主义已经很难解释信息技术进入外语教学领域后究竟如何发挥其强大功能的问题。例如，教师在英语教学过程中，多媒体信息设备突然发生故障，不能正常运行了，其功能性也就陷入瘫痪，对于这种状况建构主义是解释不了的，这就呼吁一种新的、能够适应信息技术和教育教学相结合的理论的发现和探索。生态学理论就是一种重要的理论选择。

教育生态学（Educational Ecology），就是教育学与生态学两者之间的相互作用与融合。将生态学原理和机制引入教育学，研究高校的教育现状及其内在原因，探索教育事业的发展规律和发展前景，进而更好地服务于英语教育事业。

生态学和教育学的融合，对外语课堂建设和发展意义重大。外语课堂是由教育者、受教育者、教学内容和教学环境等共同组成的一个生态系统。主体间性理论认为，课堂的生态系统各个要素之间关系密切，且处于相互联系之中。这样的生态化课堂是生机盎然、动力满满的课堂，具有系统性、和谐性和共生性等优势特点，发挥着滋养、环境参照、动力促进和制度规范等生态功能。探索有效的大学英语课堂教学，应当综合运用主体间性、媒体间性、文化间性、语言间性等不同的认识论、方法论，探索强化课堂效果的各种生态功能。

大学英语多模态教学的理想状态应当是生态化的教学。大学英语多模态教学应当综合运用间性理论、教育生态学、建构主义学习理论等，遵循交互性教学原则、多模态教学原则、跨文化教学原则及二语习得教学基本原则，构建一个多元、动态、系统的大学英语生态化教学模式，全面整合、协调多媒体网络与大学英语教学各个要素的生态平衡，全力推进大学英语教学改革，实现多媒体网络环境下大学英语教学效能的最大化。

数字化学习（e-learning）、泛在式学习（u-learning）等模式，为大学英语课堂教学注入了新的活力，为师生开展各类以语言输出为驱动的、真实的、有意义的教学活动提供了优良的技术条件，有助于开展有效的生态化课堂教学。同时，网络教学条件下，学生可以通过情境学习，培养语言交际能力、思辨等能力来适应时代生活发展。

第二节 教育学、心理学理论基础

一、大学英语教学研究的学科定位

从教育语言学的理论视角研究大学英语教育教学，被实践证明是正确和合理的。语言教育的涵盖面十分广泛，除语言要素之外，教育语言学还和社会学、心理学、语言学等有着密切的关系，涉及教材、教师、学生、教学目标组织管理等诸多内容，远非语言学所能涵盖或取代。基于“教育学—各学科的教学—外语教学”这样的路线图，外语教育应当归属于教育学，而不能简单地把外语教学划入应用语言学的范畴。把外语教学纳入教育学的范畴，把教育实践作为根本的立足点，将其在教育教学环节所发挥的重要作用作为重点，这就使得教育语言学成为一门独立的学科。从教育语言学的理论视角研究大学英语教育教学，在教学观念和教学探索中都是十分有意义的。

鉴于外语教学的教育语言学学科属性，在研究中应重点从教育学学科领域寻找大学英语教学研究的理论基础，特别是教育学、心理学、课程与教学论以及其他与教育学整合而形成的交叉学科理论，如教育心理学、教育生态学和外语教育技术学。

二、认知负荷理论

认知负荷理论（cognitive load theory，CLT）是继建构主义理论后又一个对教学起着重要指导作用的心理学理论。根据认知负荷理论，认知图式组织并储存人类知识，极大地减轻了工作记忆的负荷。而新信息必须在工作记忆区进行处理，以便建构图式，然后通过反复成功的应用，图式就会自动化。在工作记忆区处理信息的轻松度是认知负荷理论最关注的问题。认知负荷理论把学习者对于长时记忆中存储信息视为教学的主要功能。其存在方式是图式形式。长时记忆中的图式是一种知识框架，在对新知识进行学习和掌握时，具有中央执行官（central executive）功能。在接触新知识时，学习者如果能够掌握这种知识框架，那么新知识的学习方法便可以遵循这种原则来进行；反之，则采用随机学习的方式。

认知负荷是表示处理具体任务时加在学习者认知系统上的负荷的多维结构。这个结构由反映任务与学习者特征之间交互的原因维度以及反映心理负荷、心理努力和绩效等可测性概念的评估维度组成。影响工作记忆负荷的因素主要包括：学习任务本身的内在本质（内隐认知负荷）、呈现任务的方式（外显认知负荷）、学习者自愿用于图式建构和自动处理的认知资源量（关联认知负荷）。而且，这三种认知负荷都是可施与的。长期以来，认知负荷理论的研究焦点是开发教学手段，减轻外显负荷，但最近研究焦点转向了对内隐和关联认知负荷的处理以及教学手段和学习者知识水平之间的相互作用上。

教学过程中，外显认知负荷给学生带来问题的程度主要取决于内隐负荷。如果内隐负荷强度大，就必须降低外显认知负荷；如果内隐负荷低，因不恰当的教学设计而造成的高度外显认知负荷就可能不会造成伤害，因为总体认知负荷没有超出工作记忆的极限。进而，如果内隐和外显认知负荷的总量还留有额外的处理信息容量余地，就有必要鼓励学生将适当的认知负荷投入学习中，特别是用于图式建构和自动操作。因此，认知负荷理论的主要教学原则就是：在认知机制的整个容量限度内（即避免认知超载），减轻外显认知负荷，增加关联认知负荷。为此，必须考虑学习者的知识水平，因为它决定学习任务的内隐认知负荷。

认知负荷理论认为，为了提高学习的水平，在课堂教学中要尽量避免外显认知负荷，即减少因教学设计不当而产生的额外负荷，而应该在教学活动中适当地增加关联认知负荷。需要注意的是，课堂中所引用的认知负荷要考虑到学生的接受程度，不宜过多，否则会影响学生的理解。

关于人类对事物的认识和理解，认知负荷理论做出了这样的假设：长时记忆中获取知识并且建立学习者自己的知识框架是教学的最终目标；有限的工作记忆在信息处理过程中具有十分重要的意义，是大量信息递增和存储的前提；因为不能获得已经组织好的信息，变化是随机的，大的随机变化不可能生效；鉴于没有确定变化本质的中央执行官，随机而非预设的变化在所难免。

认知负荷理论认为，合理的教学安排和教学设计应该把以上四种假设纳入考虑范围，提供中央执行官，避免和剔除非必要的随机变化，为长时记忆的转变提供条件。认知负荷理论提供了促进教学中央执行官功能的结构化教学效应。相关研究者提出了大量的认知负荷理论所研究的各种教学效应。

认知负荷理论基于认知结构研究提出的教学设计原则认为，要从引导认知资源合理分配的角度出发，来设计适应性的学习资源，这对新媒介条件下认知资源极其丰富的现实来讲，就具有非常重要的指导意义。该理论认为，影响学习者认知负荷的因素主要包括：任务和环境（如任务的结构、新颖性、时间压力等）；学习者（学习者个体的先前知识、认知资源及其认知风格、学习动机等）；学习者与任务之间的相互作用。为此，认知负荷理论提出了自由目标效应、样例效应、分散注意力效应、模态效应、冗余效应、变式效应等重要的设计原则。

认知负荷理论关注的重点是记忆在学习中的作用，主张合理分配认知资源对实现有效学习至关重要。依据工作记忆存储容量有限的特点以及认知资源总量恒定的规律，该理论提出，如果在设计教学时，能够尽量减少学习任务中不必要的认知负荷，那么就可以大大提高学习者的学习效率。该理论关于认知构建、分散注意、冗余效应、双重感官效应等方面的研究成果，对外语教学设计具有重要的指导意义。

随着互联网技术的迅猛发展，数字化、泛在式学习越来越普及。数字化学习材料的设计和开发给教学设计者提供了良好的环境和机会，同时也带来了与传统课堂环境下的教学设计完全不同的约束。在传统的面对面的课堂上，教学设计者通常根据教师或者学生提供必要的调整，当学生不能理解某种观点时给予支持；发生理解困难时，学生通常可以马上向老师或者同学请教。而在数字化学习环境下，学生可能在凌晨2点钟开始学习，凌晨两点三刻给老师发电子邮件，请教某一个概念的理解问题。一时间没有老师和同学帮助，这个学生就可能在沮丧中停止学习，甚至更糟糕的是，对概念产生误解，阻碍有效学习。

数字化教学设计与真实的学习在不同的时间框架下发生，即教师首先设计好教学，然后一个月后甚至更久以后，学生使用这些教学材料学习课程内容。这种教学设计和真实学习的分离要求学习者对教与学的过程重新进行整合，通常没有老师在场，缺乏真实的学习环境。这种重新整合意味着学习者要承担巨大的责任，要对自主学习负责，即在不能直接迅速得到老师和同学支持的情况下，学习者必须独立进行思考和探究，以便正确地理解学习的内容。当然，为了解决这个问题，研究者可以开发引导式、说教式会话或者内嵌式导航助学话语，使学生在处理教学材料过程中与教师进行虚拟的交互。如果教学设计者开发的教学材料造成大大的外显负荷，那么，学生就无法理解课程内容。通过优良的教学设计原理对认知负荷进行恰当的管理，这是设计有效的数字化学习材料所需要的基本要素，这种材料有助于自主学习者对内容的理解。

三、课程与教学论

课程与教学论在大学英语教学研究与实践中的作用和地位毋庸置疑。这里不求全面系统地从课程论的角度探讨大学英语教学，只从大学英语课程教学的实际出发，简要讨论内容依托教学法（content-based instruction，CBI）、多元识读教学法及教学设计理论。

（一）CBI 理论

CBI 理论起源于在加拿大蒙特利尔开展的沉浸式语言学习项目。作为一种教学模式，内容依托教学法，融语言教育目标和专业知识于一体，使得学科知识的传授和语言技能的培养同时进行，为我国的大学外语教学提供了一个新的视角。它改变了传统教学中“先输入后输出”的教学模式，在学习者进行外语学习的过程中，提倡最大限度地使用目的语完成教学任务，实现从语言输入（input）、吸收（uptake）到语言输出（output）的良性循环。

CBI 理论教学观点的要点在于，教师对于教学框架的设计是以内容话题为主，而不是传统的语法或者词汇的规则。这也就把语言教学放在了相当重要的地位，融语言的掌握和专业知识的学习于一体，在提升受教育者专业技能和专业能力的同时，助力其语言、语用能力的发展和提升。这种教学模式既可以激发学习者的语言学习动力和积极性，也能为学科知识的学习提供更为丰富的语言内容，一举两得。

CBI 理论的提出应遵循的教学原则：以学科失误为核心，使用真实的教学材料，适用不同的学生群体的需求。CBI 主要包含四种模式：主题模式、课程模式、辅助模式和沉浸模式，教师可结合自身教学环境、教学层次、教学对象以及教学目的，选择性使用或者混合使用不同的教学模式。

研究与实践表明，CBI 的教学观具有以下显著特征。

1. 真实的教学材料

语言是通过内容来习得的，高质量的语言教学材料能够为受教育者提供真实可靠的语言情境，促进有效学习。

2. 内容与语言相融

对于非英语专业大学生来说，基于自己专业主修学科内容的学习，有助于促进语言输入、语言吸收和语言输出的良性循环。

3. 突出体验式小组学习和研究型学习

以输出为驱动的 CBI 教学模式不以学生出色完成任务为目标，而是强调学生积极学习教师提供的真实性学习材料，在输出任务的驱动下，主动寻找新的信息和材料，继而在教师的协助下，最终完成任务并能展示学习成果，这样的研究型学习体验在传统的大学英语课堂中是难以实现的。

4. 内容学习、语言训练和应用及思维培养全面融合，相得益彰

除了实现语言和内容双重学习目标，通过体验式、研究型的学习，CBI 教学模式促使学生主动应用所学知识，培养了学生的协作意识和批判思维意识。

5. 教师身份的根本转变

从“授人以鱼”到“授人以渔”，教师要改变传统的灌输者和培训者的定位，向课堂的引导者和协助者转变。在某些学科内容较为专业的 ESP 课程教学中，学生的学习主体地位更加突出，任课教师往往不是学科“内容”方面的知识专家，在学科内容上可能还要拜学生为师，教师的职责主要是通过教学任务和教学活动的设计，协助学生有效地开展基于内容的语言学习，完成学习任务。

随着全球化的发展，我国高校教育在这种背景下，应该以培养跨文化实用性人才为整体目标，注重学生外语学习能力和外语运用能力的培养，培养学生学术英语交流能力，使他们用英语直接从事自己的专业学习和今后的工作，在自己专业领域具有较强的国际交往能力。同时，拓展其国际视野，提升跨文化交流、沟通、合作以及参与国际竞争的能力，提高对于社会和时代发展的适应能力。

近几年大学英语学术界召开的高端学术会议，都从不同侧面反映了高等教育国际化背景下面向专业人才培养的大学英语教学改革趋势，对与会高校代表深入开展面向专业人才培养的大学英语教学改革具有相当大的思想指导意义和实践价值。大学英语教学改革是高校本科教学工程的重要组成部分，应纳入学校提高人才培养质量的重点工作，适应高等教育国际化和经济社会发展的需求，广大英语教师要更新教学观念，找准大学英语教学定位，改革培养模式，明确教学目标，重新设计教学内容，创新教学方法，提高教学质量。

专业型人才和实用型人才的培养是高校英语教学改革的主要目标，要想实现这一目标，对于英语教育体系和内容的转变及革新是重要的一环。在高等教育改革的浪潮下，本科院校的教育改革也逐步广泛和深入，对于人才的培养方案也是经过了反复的讨论、探索和尝试，已经初见成效。CBI 的教学理念在外语教学中的推广运用，满足了学生个性化的学习需求，增强了他们学习的主动性和积极性，使大学生的英语水平得以稳步提升。CBI 教学理念成为外语教学的方针性、指导性理念，广泛运用到教材编写、课堂设计等方面。各种客观因素推动了大学英语课程体系的深入变革，大学英语教师密切联系本校学生学习实际，加强课程体系建设和教学团队建设，开发本校优质教学资源，提高了大学英语教学水平。

（二）多元识读教学法

时代的发展变化不断地更新着识读能力的本质及识读能力学习的特征。在全球化、信息化的今天，新的技术塑造新的素养，读写、交流都在发生着本质上的变化。

在经济全球化背景下，交流的多模态化、文化的多元化和语言的多样性不断加深。针对当代识读教育如何服务于学生的人生规划和个人发展，提出了多元识读教学法，在全球范围内产生了广泛的影响，成为当代语言教育的主流。多元识读教育是语言和文化的地域多样性与全球关联性显著增强的结果，也是新媒介时代交流表达形式多模态化的结果。

一方面，多元识读是全球化背景下文化、语言的多样性、多元化的结果。在全球化背景下，世界越来越小，英语被广泛应用于不同的文化和社会背景，运用英语进行交流具有跨文化性。英语既是一种全球性的语言，同时也具有多样性。

另一方面，多元识读也是新媒介条件下表达形式多模态化的结果。随着新媒介的迅猛发展，人们的交流方式发生了巨大变化，文本已经不再是唯一的或者主要的交流方式。书面语与口头语相结合，视觉、听觉、手势、触觉和空间等模态相结合，使交流具有多模态的属性，这些都要求学习者具有理解、掌握那些越来越重要的媒体表现形式的能力。

新伦敦小组并没有对多元识读进行界定，他们认为多元识读概念的核心是两个“多”（multi-），即多语言（multilingualism）和多模态（multimodality）。前者指社会化、职业化、跨文化环境下的各种社会语言，后者指当代信息交流的多模态属性。在新媒介迅猛发展的时代背景下，新伦敦小组所研讨的两“多”现象越来越突出，特别是多模态化。现在我们完全生活在一个网络化、数字化的世界中，博客、播客、维基、RSS、微信等社会化交流与协作软件已经成为人们学习、工作和生活的基本工具。

近年来，国内外学者对多元识读进行了深入的研究和分类。根据识读教学实践，把多元识读划分为五大类：视觉素养；语言认知能力；课程素养；计算机网络素养；思辨能力。

胡壮麟从社会符号学的视角对多模态现象进行研究时，把 Multilitemcy 翻译为“多模态识读”，并从社会符号学的角度，把 Multilitemcies 译为“多元识读能力”，认为这种能力包含技术识读（指多模态识读）和文化识读，即用新媒介与人进行互动式信息交流的综合能力和素养。胡壮麟进而把多模态识读能力划分为这几个层次：参与者能够在信息环境中适当地工作；参与者可以借助信息技术来搜集和查找自己所需要的资料，并且能够按照规定圆满、高效地完成与信息技术有关的各项内容，利用多媒体技术完成多模态阅读和写作；对于多种多样的数字化信息进行理性的判断，并且做到有条理性、系统性地汇总和整合；参与者首先要具备高度的责任感，并且具有开阔的视野和开放的思想，能够在网络化的环境中发挥正面作用，高效快速地应对新背景、新环境下的多种多样的社会问题；在特定条件下设立的虚拟社团能运用专业技术互相协作；能够通过技术工具，用各种方法，针对一个话题表达综合的知识；参与者能够对所处社会中信息技术环境如何发挥重要作用发表个人意见；能够运用新媒介更新学习方法，如采用非语篇写作；参与者不仅具有语篇信息识读能力，也具有符号和图像解释能力，能够利用多媒体和其他技术工具，如互联网，与人互动，参与学习，构建意义。

朱永生也曾深入地探索过多元识读能力，并且对这项能力和我国教育改革之间的关系做出一定的分析。他认为，应当把多元识读能力的培养写入教学大纲，把多元识读教育理念引入语言教材编写、教师培训、教学评价、资源建设等教育活动中。随着经济全球化、文化多元化、教育信息化、语言多样性的不断深入，多元识读教育在高等教育中的地位和作用将越来越突出。

自新伦敦小组在 20 世纪末作为一种新的教学理念和教学方法被正式提出以来，多元识读教学法本身也在不断地改进和完善。最早的多元识读教学法包括情境实践、显性指导、批评框定（一定社会文化语境下的批判性阐释）、实践应用四个阶段。随后，新伦敦小组中的 Cope & Kalantzis 在总结四阶段多元识读教学法的基础上，把学习活动划分为体验、概念化、分析和应用四大类，学习者在行动中学习。他们认为，在学习过程中，体验、概念化、分析和应用四步是一个互为先后、相互交织的过程。

1. 体验

人类认知是情景化的，是受认知环境影响的。学习者可以将在校学习与学生在校外的真实生活体验结合起来，也可以将学习文本和学生的课外生活经验关联起来。这两种将学习与生活相结合的方法都属于文化关联法（cultural weavings）。这种体验有两种形式：一种是体验已知事物（experiencing the known），通过反思自己的经验、兴趣、观点以及自己对世界的理解，学习者把自己的知识、经验、兴趣和生活文本分享到学习情景中；另一种是体验新事物（experiencing the new），即通过观察陌生的情境或阅读新课文，使自己沉浸在新的生活情境和新的课文之中。值得注意的是，学生所接收的新信息、新经验、新课文应当符合学生的心智水平、接近学生的真实生活世界，通过新旧信息的交织能够促成学习者有意义地学习。

2. 概念化

概念化不只是传统学科的说教，更是一个知识生成过程，在概念化的学习过程中，学习者是积极的建构者，不仅需要把隐性知识转化为显性知识，而且能够进行归纳概括。概念化也有两种主要的方式。一种是命名法（conceptualizing by naming），学习者通过对事物的抽象化命名，可以不断地拓展范畴、发展概念；另一种是用理论进行概括，学习者作为积极的概念和理论创造者，建构自己的心智模型、抽象的理论框架以及可迁移的学科图式。

3. 分析

有效学习离不开批评的能力，包括功能性分析的能力和评价的能力。功能性分析包括推理、推断和演绎，确定功能关系（如因果关系），分析逻辑关联及文本关联；批判性分析指的是对自己和他人观点、兴趣和动机的评价，这种分析不仅涉及已知经验和新经验的互动，也包括先前概念与新概念之间的互动。

4. 应用

应用包括适当性应用和创造性应用。前者指将自己的知识和理解应用于复杂多样的真实情景并检验其有效性；后者是指学习者运用自己的兴趣、经验和灵感对现实世界的一种创新性、开创性干预，正是这种创造性应用，使世界变得新颖、富于创新。

作为新媒介时代的一种新型教学法，多元识读教学法仍需在实践过程中不断实践和完善。

（三）教学设计理论

教学设计理论与教学论的关系问题曾经是一个影响广泛的争议问题。文献分析表明，当下教学设计理论与教学论几乎是一致的，难以划清界限。

第一，这是因为教学设计理论与教学论的核心内容是一致的，都以教学处方为核心内容。

第二，教学设计理论与教学论的研究宗旨是一致的，其最终都是为了解决问题，这两者解决问题的方式及所产生的影响力也是大致相同的。

第三，两者之间的学术水准是一致的，它们都把焦点放在了对于教育方法和教育模式的探索上，其本身并没有创造知识的能力。

当下的教学设计理论与教学论都属于研究领域而非学科理论。有教学自然就有教学设计，两者的视野也是一致的。只有教学设计的技术学理论才能与教学论划清界限，并能催生新的教学论。教学设计的技术学理论把侧重点放在对教学系统的构建方面，而相对于教学设计的技术学理论而言，后者则把注意力放在教学系统的整体特征和运转机制方面。

随着高校教育的逐步发展和改革的不断深化，本科教育对于怎样更有效地培养高素质的大学生也在不断地探讨和实践。各高校纷纷出台了一系列的人才培养方案，对学分制做了一定的改变。与此同时，学校管理层对大学英语教学质量却提出了更高的要求，这就给大学英语基层管理者和一线教师带来了更为沉重的压力。在提倡原有的外语自主学习机制下，外语教学的课堂教育改革成为外语教学改革成败的决定性因素。随着时代的发展，高校扩招使得大学英语教师的工作量加大。与此同时，出版业的改制使得大学英语教材出版商越来越注重教材的系统化建设，完备的教材体系和服务为一线教师提供了优良的教学资源和教学课件。但在大学英语课堂教学实践中，多媒体教学唱主角的方式也暴露了诸多弊端。例如，如果多媒体使用和管理不当，很容易淡化人际交流与互动，淹没教师的个人风格，背离学生中心的教学原则，忽视学生的语言学习中心地位。很多教师课前不用准备或者很少准备，过于依赖出版社的配套课件。在这种情势下，大学英语教师必须充分发挥个体能动性，密切联系本校学生学习实际，重视和优化教学设计，向有限的课堂教学要效率。

教学设计就是运用系统方法分析教学问题，确定教学目标，建立解决教学问题的策略方案、试行解决方案，评价方案试行情况，进而对方案进行修改。其宗旨是提出达到预期教学目的的最优途径和实施方案，需要经过教师的行动、观察、反思并不断修正。鉴于大学英语教学的同质性，以及课堂教学在课程、课型、教学对象、教学条件等方面呈现的巨大差异性，探索大学英语课堂话语建构的原则模型，有助于指导新媒介时代大学英语课堂教学实践，改进教学效果，实施有效课堂教学。

新媒介时代背景下的教学设计，不仅要遵循语言教学和教学设计的基本原则，还要特别关注现代教育技术的合理运用，强化多媒体、多模态课堂教与学，促进大学英语的有效教学。

开展多媒体、多模态条件下的大学英语课堂教学设计，必须充分考虑大学英语分课型教学的目标、教学条件、师生的信息素养、学生的语言水平和心理特征等要素，利用二语习得、教育学、心理学、认知科学的最新研究成果，调动教师的主动性、创造性。

多媒体、多模态教学条件下，深化大学英语课堂教学改革，需要教育学转向，特别是用现代教育教学理念和理论指导课堂教学，充分利用现代教育技术，改进课堂教学效果。教育学转向的核心任务就是加强课堂教学设计。

在教学设计理论研究方面，以往的教学设计模型多是围绕课堂教学环节开发的。教育技术领域第二代教学设计理论先驱人物 Merrill 在考察大量教学设计理论的基础上，提出了展示论证新知原理、尝试应用新知原理、聚焦完整任务原理、激活相关旧知原理、融会贯通掌握原理五项首要教学原理，并针对信息化教育发展的现状，指出媒体仅是表征内容的一种手段，不足以决定教学的效果，媒体与教学匹配时，才能起到促进教学的作用，否则就会起干扰作用。国内的一些专家和学者在教育生态学、认知负荷理论以及多媒体学习认知理论的启发和指引下，开始更加深入地探索在新时代环境下的外语教学方针策略。

恰当地运用多媒体教学手段有助于减轻学习者的外显负荷。结合学习者的知识水平，恰当地处理学习者内隐认知负荷，有助于学习者的图式建构和信息加工，有助于学习者在信息技术高速发展的背景下进行高效学习。在多媒体条件下，进行多模态学习是提升教学效果和学习效果的有效途径。

一方面，多模态、多媒体手段可以调节语言学习者信息加工中的注意机制，有助于强化学习者的语言吸收，提高学习者的二语习得效果。

另一方面，学习者充分运用多模态、多媒体手段，可以大大提高言语交际的效率。

在大学英语课堂教学中，广大教师充分利用现代信息技术，研究如何通过多媒体、多模态手段优化学习者的语言输入与输出。可以从应用语言学、教育学、教育技术学、话语学和教育生态学等不同的理论视角，通过探索多模态课堂教学设计原则，为大学英语一线教师组织和实施有效的多媒体、多模态课堂教学提供参照。

四、教育生态学理论

之前的讨论我们提到过教育生态学的理论视角。下面简要介绍教育生态学的基本概念、观点和原则。

教育生态学的诞生相对要晚一些，是在教育学与生态学相互作用与糅合的作用下产生的一门新学科，它兴起于 20 世纪 70 年代中期，是研究教育与其周围生态环境之间相互作用的规律和机理的科学。其主要观点包括整体、系统、联系、平衡、动态等，强调要整体地、综合地将教学中的各个因素纳入其中加以考虑，去探寻和发掘教育过程中实际存在的生态紊乱问题，包括宏观失衡和微观失衡。教育生态学强调教育生态的平衡性，并且从这一侧重点出发去构建生态平衡的教学系统，积极调整整个教学系统中各个要素的生态位，充分保证教学系统的生态平衡和良性发展，提高教学效果，促进教育事业的良性发展，充分发挥教学的多维效益。在此基础上，教育生态学还对教育的本质和教学的运行机制加以研究和探讨，改变传统的师生关系，确保老师的指导地位，强调学生的主体地位，遵循师生平等互动的原则，调动师生双方的积极性和趣味性，真正实现教学系统要素之间的生态平衡。

生态学理论强调系统中的各个要素与外部环境之间的交流与沟通都必须找到其适合的生态位。但是，当把现代技术融入外语课堂之后，由于缺乏恰当的生态位，英语课堂各个要素之间、外语课堂与外在环境之间的关系发生了不协调的变化，使外语教学系统出现生态失衡现象。此外，外语教学过程中对信息技术工具的运用也出现了一些问题，如对信息技术工具的滥用、误用、过度消遣等，缺乏正确合理运用计算机技术的意识。这些现象在一定程度上说明了信息技术在外语教学系统中的作用和价值还没有得到有效的运用和开发，其真正的价值和意义还没有得到应有的体现和发挥。这就要求我们提高信息技术的运用能力，积极探索信息技术应用的新方法，努力解决在外语教学过程中的生态失衡和系统紊乱现象，在生态学理论的指导下切实重视外语教学的提升和发展，致力于提高外语教学效果。

陈坚林提出，要实现外语教学的动态平衡，就必须坚持以下两个基本原则。

第一，稳定教学结构，实现教学要素之间的兼容并包

生态学理论认为，兼容和和谐是两个息息相关的概念，稳定和平衡也必不可分。“兼容”是实现“稳定”的有效途径和手段，而“稳定”是“兼容”所要达到的最终结果和根本目标。举例来说，外语教学课堂系统的生态整体是由各个要素组成的，当现代信息技术与外语教学融合以后，便成为外语教学生物链中不可或缺的一个要素。要想实现教学结构的稳定，就必须实现信息技术与外语教学系统各个要素之间的协调与兼容，发挥各自的积极作用。只有实现了它们之间的兼容，才能最终实现外语课堂系统生态平衡和稳定，保证教学系统的正常、良性运转。

第二，制约教学运转，促进个体发展

一方面要对教学运转进行制约，另一方面要促进学习者自身的进步和发展。这里的“制约”是手段，“促进”是目标。用生态学的话来说，外语教学系统中各要素都有其各自的生态位，都在各自的生态位上承担着一定的角色。但是，这些要素在发挥其角色作用方面，是有一定的限度的。现代信息技术条件下的外语教学，要想有效地促进学生（个体）的发展，就必须制约信息技术角色作用的发挥，尽量减少各种信息技术误用现象的出现，使信息技术始终沿着“规则”允许的轨道发挥作用并与其他要素相互兼容和配合。“制约”是为了更好地“促进”，而“促进”则是合理有效“制约”的必然结果。只有处理好“稳定”与“兼容”“制约”与“促进”这两对辩证关系，外语教学才能在和谐的生态环境中自然健康地发展。

教育生态学理论对于大学英语网络自主学习中心的建设和发展也是大有裨益的。随着教育部关于大学英语网络化教学改革工程的深入，各高校纷纷创建了大学英语网络自主学习中心，相关研究成果也不断涌现，但目前亟须从教育生态学的高度探讨大学英语网络自主学习的模式，有必要构建网络教育环境下的多模态英语学习模型。实验研究表明，各种交互（包括学习者与学习内容、学习者与教育者以及学习者与学习工具之间的交互）是积极型学习的核心要素。此外，伴随自主学习理论和实践的发展，欧美很多高校都建立了自主语言学习中心。在以多媒体、网络、虚拟现实等为基础的网络文化中，教育的开放性保障了以学生为中心的教学活动，使学习者成为真正的自主学习者。

计算机辅助语言教学进入了新的历史时期，外语教育工作者借助局域网、互联网进行语言教学，研究网络教育生态环境下外语教与学的问题，自然成为应用语言学研究的一个热点。网络教育不同于传统教育四面围墙的、封闭的生态环境，它所面临的是多种社会环境，因而教育的生态环境就显得非常重要。建构优良的网络教育生态环境，必须

关注学习者的无意学习，激发学习者的学习动力，合理地保护、利用学习者的脑力资源，提高学习效果。我们可以结合高校英语自主学习中心建设，研究设计基于学生自主学习的网络教育生态环境模型，探索满足大学生交互式、个性化、自主式英语学习需求的途径和方法。

间性理论、多媒体学习认知理论和认知负荷理论是架构网络教育生态环境的重要理论基础，多媒体、多模态学习具有重要的网络教育生态学价值。

认知图式有助于解释为什么背景知识和记忆组织方式对于新的学习如此重要的原因，有助于减轻学习者工作记忆的负担。影响工作记忆负荷的因素主要包括内隐认知负荷、外显认知负荷、适当认知负荷。一方面，开发多模态、多媒体教学手段有助于减轻外显负荷；另一方面，结合学习者的知识水平，恰当地处理学习者内隐认知负荷，有助于学习者的图式建构和信息加工，有助于学习者在网络教育生态环境下的外语自主学习。

多模态学习是下意识学习的心理、生理基础。网络教育生态环境下，多模态获取信息不是全部通过词汇化的，通过语音、图像、动画、情感等非词汇化的多模态学习比词汇化的学习更有效。一方面，多模态、多媒体手段可以调节语言学习者信息加工中的注意机制，有助于强化学习者的语言吸收，提高学习者的语言学习效果；另一方面，学习者充分运用多模态、多媒体手段，可以大大提高言语交际的效率。

在大学英语网络自主学习中，通过网络教育生态环境模型的约束作用以及教育工作者的多角色网络引领，有助于加强大学英语网络自主学习中心的建设、管理和使用。

第三节　语言学理论基础

一、二语习得理论的研究领域及其主要流派

对于二语习得理论的研究和讨论在20世纪六七十年代逐渐兴盛起来，并且在这一时期成为一门独立的学科，研究主要涉及三大领域：学习结果 = 中介语研究；学习者内部因素研究；学习者外部因素研究。

在以上三大领域之下，每个领域又分为几个小方面进行研究，此外也包括这三个领域之间相互关系的研究，以及领域内部各方面之间关系的研究和探讨等。

多年来，二语习得研究先后涌现许多种理论和研究走向，以下为10种主流理论。

1. 早期的环境论

在早期的环境论看来，语言是一种特殊的行为习惯，对语言的学习，其实就是对行为习惯的学习和接受，这种理论依据来源于行为主义的“刺激—反应”通论。二语习得其实就是一种新的语言习惯的形成过程，在形成新的语言习惯的过程中要摆脱母语的干扰作用。儿童对于语言的天生敏锐性及其使用语言的创造性和人脑的语言习得机制等理论使得早期的环境论受到了很大的质疑，并改变了早期二语习得研究的格局。

2. 先天论

语言学研究者从普遍语法角度考察二语学习者的过渡语能力，认为语言习得是人类与生俱来的天然的“语言习得机制”的产物。20 世纪末影响最大的第二语言习得理论当数克拉申的监察理论。

监察理论的基本假说分为：①语言习得与学习假说；②自然顺序假说；③监察假说；④语言输入假说；⑤情感过滤假说。

此理论的核心假说便是“输入假说”。在克拉申看来，对于第二语言的习得是在对所接触的语言充分理解的基础上进行的，这是语言习得的必备条件。学习者只有在接触可以理解的语言时，才算是接收了有效语言输入，才能对语言的习得起到积极的影响。

3. 功能观

功能观立足于从形式到功能以及从功能到形式的映射角度看待语言习得，认为语言学习的实质就应该从一对一的“功能—形式”映射发展到一对多的映射，即多功能性原则。该派提出的“概念主导法”（concept-oriented approach，COA）从学习者有表达某一概念的意义需要出发，研究学习者如何使用不同的方式来表达概念。

4. 联结主义学习理论

该流派的“联结—认知”原则在强调标记（cue）和结果（outcome）之间映射关系的同时，也注意到内在心智表征以及社会因素、动机因素、学习者经验等对二语习得的影响。

5. 自动化理论

该流派的“技能习得理论”（skill-acquisition theory，SAT）认为，人类对于任何技能的学习都需要经历陈述性阶段、程序性阶段、自动化阶段。其核心概念是“学习强力定律”（the power law of learning）。该定律认为，人的技能在实际操练过程中会发生质的变化。SAT 研究属于行为学性质。近年来，关于这一观点的论据主要体现在计算机的运用方面。例如，通过计算机模型来说明认知机制如何工作、如何减少错误率、如何减少反应时间。但是，计算机和人类大脑是有很大区别的，这种论据只能是一种间接的论据。

6. 输入加工理论

针对成人二语习得的输入加工（input processing，IP）模型包含四个论断：①理解就是学习者试图获得语义；②在认知加工和工作记忆方面，学习者的理解一开始很费力，但这对机制关注的东西产生影响；③学习者是能量有限的加工器，在一个接一个的加工过程中，不能像本族人那样加工和储存同样数量的信息；④学习者也许利用 IP 中某些普遍的东西，也许利用其母语或一语输入加工器。该模型的核心概念是形式、语义、加工、语法切分和费力理解。IP 模型的证据是句子解释任务和眼球移动。

7. 可加工性理论

该理论认为学习者只能严格按照一定的等级循序渐进，按照习得的先后程序，把可加工等级划分为: ①无程序; ②语类程序; ③名词短语程序; ④动词短语程序; ⑤句子程序; ⑥从句程序。

8. 自主归纳理论

目标是利用形式语言学来解释学习者的语言能力，视语言能力的变化为心智语法的变化，并假设这些变化是通过语言习得机制（language acquisition device，LAD）的活动产生的。

9. 交互观

二语习得中的输入、互动和输出既不是理论，也不是模型，但是，这个假设融合了假设、理论和模型的许多元素。交互观的目标是通过学习者接触和产出语言，通过关于产出的反馈等现象来解释学习过程。交互观证据来自课堂使用的各种教学任务。交互观与其他二语习得理论一样，研究二语习得的各个方面，只不过目前集中研究输入、互动和输出的作用。

10. 社会文化理论

基于社会文化理论的二语学习观认为，人们通过外部环境之间的互动和交流来使自身的实践活动得到发展。从社会文化理论的视角来探讨二语习得，就是对二语调节心智活动程度的研究。

综观二语习得的主流理论和研究方向，二语习得学科具有跨学科、多元化的特征。其未来的研究侧重点应该强调以下三个方面。

第一，对于二语习得理论的研究和探讨，不应该闭门造车，而应该将其与认知科学领域的最新研究成果相结合，将人类的认知与运作机制和语言习得相结合；

第二，要深刻认识双语现象和双语能力的内在实质，借鉴其先进的理论对二语习得理论进行科学合理的评价和估测；

第三，精练、概括二语习得理论知识。

二、计算机辅助语言教学

计算机辅助语言教学（computer assisted language learning，CALL）是探索并研究计算机应用于语言教学的科学。计算机辅助语言教学的发展经历了从 CAI（computer-assisted instruction）到 CALL 再到 NBLT（network-based language teaching）的阶段。CAI 是 CALL 的初期阶段，NBLT 则是 CALL 发展的新阶段。

计算机的发展也经历了循序渐进的过程，从一开始的大型计算机发展到小型计算机，再到便携式个人电脑，最后发展到和我们息息相关的互联网。随着计算机的发展，作为辅助语言教学的工具，其演变经历了行为主义（behaviorist）CALL、交际性（communicative）CALL、综合性（integrative）CALL 三个阶段。第一个阶段是以结构主义语言学为理论基础的 CALL 阶段，即 CAI 阶段；第二个阶段以建构主义学习理论和功能语言学为理论基础；第三个阶段是以网络为工具的计算机辅助语言教学的理论基础的社会认知语言学。

社会认知论认为，语言是一种社会建构的现象，并不是个人的附属，在这方面做出突出贡献的人有海姆斯和韩礼德等。在社会认知论看来，合乎语法性与社会接受性不可分离，认知与交际相互依存，在外语教学上体现为交际法。在这种教学观念的指导下，计算机作为一种教学辅助工具，成了受指导者，外语教师在把各项语言学习技巧整合到一起的同时，也在探究怎样更好地实现科技与教学的融合，学生可以运用现代信息技术，用计算机创建一个仿真的外语学习空间，积极参与网络学习和自主学习，促进语言交流水平的提高。虚拟环境下的语言学习极大地拓宽了 CALL 活动范围，NBLT 研究也给 CALL 常见主题提供了新视角。

多媒体技术在我国高校大学英语教学中的应用和研究源远流长。20 世纪七八十年代，大学英语教师手提录音机到教室开展听力教学似乎是件新鲜事；20 世纪 90 年代初开始，高校语言实验室的普及大大促进了听力、口语、写作和翻译的教学；20 世纪 90 年代末，网络语言实验室成为高校改善大学英语教学条件的主要标志；进入 21 世纪以来，全国高校大学英语课堂教学几乎全部使用多媒体课室，同时，各校纷纷建立网络英语自主学习中心，形成了多媒体课堂教学与网络自主学习相结合的大学英语教学新局面。

计算机辅助语言教学（CALL）的发展历程说明，教育技术的应用与教育教学之间存在着密不可分的关系，科学技术的进步和教学理念的发展是相互融合、齐头并进的。近年来，教学理念的更新和发展以及多媒体、多模态教学方法的普及和推广，有效地促进了科技与教学的融合，成为外语教学重点探究和思考的问题。

三、我国的外语学习理论研究

长期以来，我国学者在二语习得理论研究方面主要靠引入国外理论，并结合我国外语教学实际开展应用性的研究。但是，西方国家对第二语言的习得和我国对于外语的接受呈现明显的差异。这就要求我国的外语教育应当从国情出发，结合自身的现实情况，探究适合我国外语教学实际的理论依据和方法论体系，对于国外语言教学理论的借鉴和引进要深入思考，慎重考虑。在对国外科学理论引进和借鉴的过程中，要注重我国学习者在语言学习方面的特殊性，在吸收借鉴国外经验的基础上加以改进和融合，创建一套适合我国语言习得者学习的理论体系和方法论。

第三章 高校英语信息化教学模式研究

科学技术的迅猛发展推动人类社会全面地进入了信息化时代，而以计算机网络为核心的现代信息技术也已成为21世纪人类基本的生活环境。随着信息技术的不断成熟，在一定程度上改变着人们的生活方式。计算机网络也正以前所未有的速度融入现代生活，我们应该抓住机遇，站在信息化社会的高度，用全新的观点和视野来重新审视我们的教育，并利用现代信息技术进行教育体制和教学模式的改革。本研究将以信息技术快速发展与高校英语教学改革为背景，探讨信息技术与英语教学的整合。

第一节 现代信息技术下高校英语教学模式的理论框架

现代信息技术下的新型大学英语教学模式理论框架整合了多模态、多媒体、多环境理论、计算机技术与英语课程生态化整合理念以及建构主义等教学理念，以环境的创设和教学结构的改变为主要特征，以多模态体验和模态转化学习为实际操作的着力点。与以往单纯以建构主义理论和计算机辅助语言学习理论为基础的理论框架相比，该模式的框架更加系统、细致，对实际教学模式的设计更具指导意义。

下面将对组成该理论框架的三个理论成分进行简单介绍，并对整合而成的新型大学英语教学模式理论框架进行阐释，尤其对其优势进行论证，对实践中可能出现的问题进行讨论，再次指出该理论框架的意义和重要性。

一、新型高校英语教学模式理论框架的成分

（一）多模态、多媒体、多环境理论

1. 多模态

简而言之，模态是人类通过感官跟外部环境之间的互动方式。这里的感官不但包括广为人知的视觉、听觉、嗅觉、触觉、味觉，还包括医学上新发现的平衡感、距离感等。多模态是指用三种或三种以上感官互动。互动过程中，人类可以将来自多模态的信息打包捆绑成整个的体验。模态越多，人类所获得的信息和体验就越充盈。例如，如果亲口品尝到北京烤鸭，至少涉及视觉、嗅觉、触觉和味觉，而如果只看到北京烤鸭的图片，那就只涉及视觉，因而前者的信息和体验比后者更为充盈。恰当的模态转换可以增强学

习者对所学内容的内化度，提高内容记忆的持久度。换句话说，越充盈的体验、越丰富的模态转化，对学生学习越有利。

2. 多媒体

要理解多媒体的概念，首先要区分物理媒介和逻辑媒介。物理媒介是指装载内容或信息的物理介质，如纸张、磁带、光盘等。逻辑媒介是指在物理媒介上装载内容或信息的编码手段，如文字、模拟音频流、数字音频流、图像及视频流等。而界定某内容是否为多媒体材料，是以逻辑媒介为划分标准的。使用三种或三种以上逻辑媒介的，就是多媒体内容。在这个定义下，文字材料印在纸介上是单媒体材料，声音录制在磁带上也是单媒体材料。但如果一张光盘上有文字、图片、音频流、视频流，那么即使装载内容的物理媒介只有光盘一种，这里的内容也是多媒体内容。显然，与单媒体材料相比，多媒体材料更有可能触发多模态的体验。这也是多模态学习和多媒体学习经常交织在一起的原因。

3. 多环境

学习环境可分成不同的类型。例如，对在校学生而言，有教室、图书馆、自习室等物理环境；有包括课程设置、课程设计理念、教师教学模式等在内的学术环境；有由学生处、教务处等构成的管理环境；有通过计算机广域网构成的虚拟教学环境等。环境向学生同时提供机遇和框定。例如，图书馆向学生提供博览群书的机遇，同时也框定学生在馆内的行为以及博览群书的极限。再如，教师的知识面等构成对学生的框定，而针对学习任务采取行之有效的教学手段又可为学生提供机遇。学习可以说无处不在，发生在多种混合环境中。各环境因素都提供框定和机遇，从而左右学习效果。因此，大学英语教师在教学设计中应尽量为学生创造可以获得充盈体验、进行模态转化学习的环境，并充分考虑到多种环境因素，特别是多种环境下的学习集成型模式。

（二）信息技术与英语课程的生态化整合理念

近年来英语教学研究对于信息技术非常重视。整个英语教学研究范式已由“理论、方法到课程或教材”转变成“从理论、方法、技术到课程或教材”。在这种情况下，厘清计算机等现代教育技术与英语教学的关系问题尤为重要。

关于两者的关系，目前广为接受的看法是将计算机视为辅助语言学习的工具，但是这种观念存在很大不足。计算机作为辅助工具应用于教学，具有四个特点，分别是：①计算机仅充当辅助教师的演示工具；②教学内容基本与课本一致；③学生仍被视为被灌输知识的对象；④未改变以教师为中心的教学结构。以上四个特点严重限制了计算机本可以发挥的作用。上述问题的根源在于将计算机定位为“辅助”工具，而不是英语学习的有机组成部分。因此，要充分利用计算机等现代教育技术，就必须将其视为书本一样的语言教学必备元素。正如没有“书本辅助语言学习”这种提法，计算机辅助教学的提法也应随着计算机在英语教学中的常态化而逐步废弃。

计算机成为语言教学必备元素的方式就是通过信息技术与英语课程的生态化整合。信息技术与各学科课程相整合的内涵在于创设生动的数字化学习环境。强调数字化学习环境的创设也是整合与辅助最大的区别。信息技术与课程的生态化整合实际就是通过信息技术有效融合于各学科的教学过程来营造一种信息化教学环境，实现一种既能发挥教师主导作用又能充分体现学生主体地位，以“自主、个性、探究、合作”为特征的教与学的方式，从而把学生的主动性、积极性、创造性较充分地发挥出来，促使传统的以教师为中心的课堂教学结构发生根本性变革，形成“主体导向”的教学结构。因此，整合的内涵可概括为三条：①营造信息化教学环境；②实现新型教与学的方式；③变革传统教学结构。

（三）基于建构主义的教学理念

根据以往研究，基于建构主义的教学理念与基于客观主义哲学观的传统教学理念相对立。两者在知识观、学习观、教学观、评价观、教师和学生角色、目标倾向、价值取向、信息技术应用、教学设计等方面截然不同。

简而言之，传统教学理念以客观主义哲学为基础，认为知识是客观、稳定、非情景化、抽象的存在，是对客观世界的表征。因此，知识外在于学习者，可以传递，而教与学就是知识传递的过程。这种教学理念重知轻行，片面强调系统掌握各学科的理论知识，因此教出来的学生缺乏必要的专业实践能力或动手操作能力，只能获得低阶的、没有深入理解也无法运用的知识。在这种教学模式下，教师被视为知识的化身、讲坛上的圣人。学生则是被动的接受者，等待被灌输知识的容器。因此，传统教学模式普遍采用注入式、填鸭式的授课方式。教学组织形式和方法不够灵活，学生的学习方式仍然是机械地接受知识，学校的培养方式也是统一的培养模式，没有根据学生的不同来制定个性化的教学设计和教学模式。

建构主义教学理念的哲学基础则是由维柯、杜威、维果斯基、皮亚杰等哲学家发展的建构主义。建构主义认为，与其说知识是名词，不如说它是动词。知识是一个不断认知、体验和构建的过程。知识不是对于外部世界的表征，而是由个人创造出来，用来理解亲身经历、构造意义的。学习的过程就是知识构建的过程，是在一定情况下，针对无法满足需求的知识进行质疑、探求、构建和协商的过程。教学就是创设有助于意义建构的学习环境，创设有助于交流协商的学习共同体。与传统理念的重知轻行不同，建构主义教学理论提倡知行合一，其目标是令学生获得高阶知识，促进学生实践能力的发展。在建构主义教学模式下，师生是双主体和互动对话的关系。建构主义教学理念倾向的技术应用观是“用技术学习”，主张把信息技术作为学习工具。它克服单一的以讲授为主的班级形式，超越传统的“讲中学”“坐中学”，而是走向“例中学”“做中学”“探中学”和“评中学”，最大限度地丰富学习资源、时空、方式和体验，以提高教学成效。

二、新型高校英语教学模式理论框架

纵览三种教学理念可以发现，它们共同强调两个核心要素，及学习环境的创设和教学结构的转变；同时，它们互相依托、互相补充。这是三个理论成分得以整合成为一个理论框架的基础。

（一）学习环境的创设

多模态、多媒体、多环境理论中，强调创设更能让学生获得多模态充盈体验以及进行模态转化学习的环境；信息技术与英语课程生态化整合理念强调创设生动的数字化学习环境；建构主义的教学理念强调创设有助于交流协商、意义建构的环境。这三种环境实际上彼此相容，甚至通过彼此来实现。首先，当今教学实践中，多模态学习经常依靠多媒体学习来实现，而数字化环境是多媒体学习的必要条件。其次，与计算学理论构成的理论框架相比，本研究提出的理论框架的最大优势在于更为系统、细致，因此以其作为基础建立的教学模式更具可操作性，在教学设计中更容易实现。

但是在以此理论框架为指导建立具体的教学模式过程中，容易出现一些问题。首先是在教学模式设计中，教师、学生、计算机之间的互动往往不够。某些网络教学内容仅是课本的翻版，而不是让每个学生都真正成为参与者和贡献者。其次，部分学校的技术环境仍有欠缺，也是阻拦教师、学生、计算机之间充分互动的一大障碍。再次，在这样的教学模式下，计算机和网络成为书本一样的教学必需品，如何保障硬件软件条件、维持系统良性运转也是不得不考虑的问题。最后，是教师的角色问题。计算机技术的广泛应用不代表教师作用的淡化。事实上，在本研究提出的理论框架中，教师仍是学习共同体中的重要一员，而不仅仅是计算机开启者和网络维护者。过分地依赖机器，教学就流于一种技术的展示。当然，这些问题在单纯以建构主义理论或和计算机辅助语言学习理论为基础建立的理论框架下也同样容易出现。如何在教学模式设计实践中，真正践行某种理论框架，是所有大学英语教学单位需要花费大量脑力、精力，甚至是财力才能解决的问题。

以信息技术为基础，对大量音频、视频资源进行有效的收集、处理、整合、存储、传输和应用的数字化环境，几乎可以自然而然地触发多模态学习，即数字化环境在某种程度上成了多模态学习的充分条件。另外，鉴于在建构主义视域下，知识作为个人经验的合理化，以及个体与他人经过协商后达成一致的社会建构主要是通过互动来搭建的，借助计算机和网络技术使教师和学生、学生与学生之间的联系显著加强的数字化学习环境正是有助于交流协商、有助于意义建构的环境。

（二）教学结构的转变

传统教学理念和模式下，教师是主动的传授者，学生是被动的接受者。而在建构主义教学理念下，学生与教师同样具有主体地位；在计算机与英语课程生态化整合理念下，学生是主体，教师是主导；在多模态、多媒体、多环境理论中，教师的主要作用在于创设环境以帮助学生获得充盈体验并进行多模态学习，实际上也暗示了学生为主体、教师为引导者的观念。三种理念的共同点是都赋予了学生毫无疑问的主体地位。另外，生态化整合理念和多模态、多媒体、多环境理论，都将以计算机和网络为主体的信息技术视为除了教师和学生之外的教学结构组成要素。

（三）这三种理念本身具有相互依托、相互补充的关系

建构主义的知识观和学习观是多模态、多媒体、多环境理论和生态化整合理念的哲学基础。反过来，多模态、多媒体、多环境理论和生态化整合理念是在现代教育技术飞速发展的氛围下对建构主义教学理念的一种细化。另外，生态化整合理念和多模态、多媒体、多环境也具有同样的基础和细化关系：生态化整合理念提升了计算机技术在英语课程中的作用，从而扩大了多模态、多媒体、多环境学习在英语学习中的比例；而多模态、多媒体、多环境学习理论，特别是模态转化学习假说，则给出了在数字化环境下教与学的一个可能方向。

在此基础上，可以勾勒出现代信息技术的新型大学英语教学模式。此新型教学模式的最大特点在于环境的创设和教学结构的改变。这里的环境指的是可以触发模态转换学习的数字化环境，这也是有利于意义构建的环境。教学结构的改变则体现在新型学习共同体的建立上。在该新型共同体中，教师、学生、计算机具有同样重要的地位，且任意两者之间都可以进行互动。学生在互动中获得充盈体验，进行模态转换学习。

第二节 高校英语信息化教学模式的构建路径

在科学技术高速发展的今天，由于信息技术尤其是计算机三大关键技术（人工智能技术、数字化技术、信息和网络技术）的发展，可以说在英语教学上计算机有了主导教学的可能和条件。换言之，网络媒体支持由“情境”“协作”“会话”“意义建构”所形成的学习环境，使得学习者知识的获得并非完全通过教师传授，而是学习者在一定的情境即社会文化背景下，从不同层面、角度出发，借助原有的经验、认知结构主动接受和选择加工外来信息，并借助其他人（包括教师、学习同伴、网络交流者等）的帮助，利用所能获得的学习资源（包括文字材料、影音资料、视听媒体、多媒体课件、计算机教学软件、网络上人与人的交流）以及从互联网上文献检索获取的信息通过与老师、学习同伴等的交流、协作，最终以意义建构的方式来获得。由此，建构主义理论的核心是以学生为中心，强调学生对知识的主动探索、主动发现和对所学知识意义的主动建构。情境、协作、会话和意义建构是建构主义学习环境的四大要素。“情境”是学习者进行学习活动的社会文化背景，学习者在真实的情境下，借助社会性的交互作用和利用获得的学习资源，可积极、有效地建构知识。“协作”是学习者在学习过程中利用已有经验的基础，在特定的情境下，以特殊的方式建构，并强调学习者与教师、学习同伴、网络交流者等的相互作用。“会话”是协作过程中通过人人、人机交互，使得每个参与者的思维成果（智慧）为整个学习群体所共享，以实现意义建构。“意义建构”是整个学习过程的最终目标，所要建构的意义在于事物的性质、规律以及事物之间的内在联系。建构主义学习理论的基本特征是“学习的自主性、情境性和社会性”。

一、建构主义指导下的信息化教学模式的设计原则

基于对建构主义学习理论内涵的认识，建构主义指导下的信息化教学模式设计思路可概括为：在整个教与学过程中，强调以学习者为中心，利用情境、协作、会话和资源等学习环境要素，通过对学习者的知识、认知特征和背景的分析，设计适应学习者的学习资源、学习策略、认知工具，并通过教师和学习伙伴的帮助，充分发挥学习者的主动性、责任感和创新精神，有效地实现对当前所学知识的意义建构。在这种模式下，学习者是知识意义的主动建构者；教师是教学过程的组织者、指导者，意义建构的帮助者、促进者；教材等教学资源是学习者主动建构意义的对象；视听媒体是用来创设情境进行协作学习和会话交流，即作为学生主动学习、协作探索的认知工具。因此，构建信息化教学模式时可遵循以下设计原则。

1. 学习自主性原则

学习是学习者建构自己知识结构的过程，这就意味着学习者不是被动地接受来自外界的刺激，也不是把知识机械地从外界搬到记忆中，而是在原有经验的基础上，主动地对外部信息进行选择与加工，通过新旧知识经验间反复、双向的互动作用过程来获取、建构新知识的过程。也就是说，无论是语言知识还是语言技能，都要靠学生自己主动去学、去练，这样才能有长进，教师的作用只能是主导而不能包办代替。因此，学习者要通过学习策略训练，培养自身的自主学习能力，在教师、学习同伴等的帮助下实现知识意义的主动建构。

2. 真实情境创设原则

建构主义认为，学习是一个积极主动的、与情境联系紧密的自主操作活动，在这个过程中，知识、内容、能力等不能被训练或被吸收，而只能被建构。由此，情境学习的建构总是以学习者已有的知识结构为基础，有选择地知觉外在信息，根据具体实例的变异性建构当前事物的意义。即情境学习借助获得的学习资源，把所学的知识与一定的真实任务和情境挂钩，倡导合作学习，解决实际问题。情境教学具有以下特点：首先，学习的任务情境应与现实情境相类似，以解决学习者在现实生活中遇到的问题为目标；其次，教学过程应与现实中问题解决过程相类似；最后，教学应创设资源丰富的学习情境，其中应包含许多不同情境的实例和有关信息，以便学习者根据自己的兴趣、爱好去主动发现、主动探索，从而实现学习者的认知灵活性，形成对知识的多角度理解，把知识学习与具体情境联系起来。通过多次进入重新安排的情境，使学习者形成背景性经验，从而掌握知识的复杂性及相关性，在情境中形成知识意义的多方面建构。

3. 学习的社会性原则

建构主义认为，学习者与周围环境的相互作用对于知识意义的建构起着关键性的作用。知识不是抽象的，而是与学习的情境、学习者进入这一情境的经验及周围环境有密切关系。知识的复杂性使得学习者不可能对知识有全面的理解；同时，由于情境中问题的艰巨性，学习者也不可能完全独立解决。学习者主动从不同背景、角度出发，在教师或他人的协助下，通过独特的信息加工活动（争辩、讨论和提供证据）实现知识意义的重新建构，从而使面对面的或通过多媒体网络进行的“协作学习”成为必然。学习者与周围环境的交互作用，促使学习者对知识的理解更加丰富和全面（即对知识意义的建构），认知水平也随之得到提升。因此，体现学习社会性的“协作学习”是整个学习群体共同完成对所学知识的社会性建构。

二、信息技术为建构主义理论提供技术支持

信息技术的发展和应用为建构主义学习理论提供了技术层面上的有力支持，促进了教学观念的根本性变革。自主学习理念的应用有效地克服了传统教学中的种种弊端，提高了学习者的认知能力、分析和解决问题的能力，使大学生的素质教育和创新教育落到了实处，为建构主义学习理论的应用奠定了基础。

1. 超媒体与“自主学习”

认知心理学的研究表明，人类思维具有联想特征，经常从一个概念或主题转移到另一个相关概念或主题。超媒体是按人脑联想思维方式非线性组织管理的一种先进技术。它按照人脑联想思维方式，将文、图、声、像等不同媒体信息整合，将讲解、演示、测验等不同教学内容整合，将预备知识、当前知识与扩展知识整合，构成了一个丰富而生动的超媒体学习环境。这和人类思维的联想特征相吻合，从而实现对教学信息最有效的组织与管理，使得学习者自由联想能力得到发挥，促进创造能力的培养。同时，教学信息的非线性使学习者可以根据自己的实际情况通过联想，自由选择不同的路径，进入不同的链接点，从一个主题跳转到另一个主题，即从一个链接点跳转到另一个链接点，灵活地浏览各节点的内容（包括文本、声音、图形、图像、动画等）为自主学习奠定了基础。多媒体技术的交互功能提供了图、文、声并茂的多重感官综合刺激，使得学习者可以依据自己原有的认知结构、认知水平和兴趣，自由选择、自主控制学习内容及其呈现方式。

2. 虚拟现实技术与“情境学习”

虚拟现实是计算机与用户之间的一种更为理想化的人机界面，人可与计算机生成虚拟现实环境进行交互。与传统计算机相比，虚拟现实系统具有三个重要特征：临境性、交互性、想象性。在现代教育技术环境中，虚拟现实技术应用图形、声音和图像再造构建出逼真的课堂教学情境，使学生置身于其中，以求获得最佳的教学效果。人与计算机生成虚拟现实环境的交互，在虚拟现实技术“构建”的交互性课堂上，教师和学生可以是真实的或虚拟的，学习者可以是一个或多个，教学模式可以多样化，教学方法的可选择性使得教学进度可由多方控制。在教学过程中，学习者和教师同是教学的设计者和控制者，克服了传统班级授课限制学生主动性和独立性的缺点，确保了师生双方的作用得到充分发挥。虚拟现实技术创造和展示各种趋于现实的学习情境，把抽象的学习与现实生活融合在一起，有效地激发了学生的思维，使学习者以丰富的想象力实现知识意义上的建构。

3. 多媒体通信网络技术与“协作学习”

计算机通信网络与多媒体技术融合而成的多媒体计算机通信网络是计算机网络和多媒体技术发展的必然趋势，它兼收并蓄计算机的交互性、多媒体的复合性、通信的分布性及电视的真实性等优点。在网络学习环境中，学习者既可实现信息资源共享，也可实现利用网络介质进行信息交流，打破了地域和时间上的限制，学习者自主地选择学习内容、学习方法、学习时间、学习地点、学习条件，改变了被动的、被支配的、受监控的地位。网络资源共享使得学习者获取学习信息的资源极大丰富，帮助了不同层面的学习者获取平等受教育和平等竞争的权利，为面向民众的全面素质教育的实施和语言文化交流的国际化奠定了基础。网络教学中的“协作学习”“小组讨论”“在线交流”等学习策略使师生之间、学习者之间通过交流信息实现情感互动。换言之，网络中的“协作学习”对高级认知能力的发展、合作精神的培养和良好人际关系的形成等具有明显的支持作用。

三、高校英语信息化教学模式的构建

基于以上分析，信息化教学的某些特征为建构主义学习理论提供了技术层面上的支持，其学习环境与建构主义学习理论所主张的学习环境相一致，体现了学习的自主性、情境性和社会性。因此，用建构主义指导信息化教学不仅必要而且可行。大学英语信息化教学模式可按教学目标、情境创设、自主学习、协作学习和意义建构五个关键环节进行教学设计。

1. 教学目标

合理的教学目标的设定需要教师确定学习内容，提出本课或本单元要达到的教学目标，以确定当前所学知识的“主题”，并以此组织教学。大学英语是一门语言实践课，从语言发展的内在规律来看，听、说、读、写、译五项语言基本技能是紧密相连的。听、读过程是学习者自外而内获取语言知识，即输入过程；而说、写、译则是学习者将所学知识自内而外的再现过程，即输出过程。因此，学习者要根据自己的实际情况构思完成教学目标的方法与手段，通过学习操作实践去实现教学目标。教师提出的教学目标的难度应以大多数学习者能通过为宜，并应具有层次性，以适应不同程度的学习者。教师通常还应指导学习者将一些大的任务分解为几个小目标，以便学习者分步进行学习研究。

2. 情境创设

建构主义认为，学习总是与一定的社会文化背景，即“情境”相联系的。在实际情境下进行学习，可以使学习者利用自己原有认知结构中的有关经验去同化和索引当前学习到的新知识，从而赋予新知识以某种意义。如果原有经验不能同化新知识，则要引起“顺应”过程，即对原有认知结构进行改造与重组。总之，通过“同化”与“顺应”来达到对新知识意义的建构。学习个体不同，认知特点也会不同。教师要帮助学习者分析自身的知觉、记忆、思维以及动机、经验、情感等因素，找到学习内容与自身认知结构的结合点，用最符合学习者认知心理的外部刺激去促进他们对新知识的同化和顺应，完成知识意义的建构，并把其智力引向更高的水平。目前，我国已拥有卫星网、DDN 专网、IP 宽带网和有线电视网等天地合一、多网集成的信息传输运行平台。可通过实时模拟、双向答疑、视 / 音频文字一体的多媒体、BBS 讨论区、教学内容的网上交流等多种途径，实施教学计划指导下的非实时自主学习，以调动学习者的所有感官和过去的经验去探索与解决问题，使其对知识掌握得更加透彻、更加形象，有效地促进其朝着个性化学习、自主式学习方向发展，使学习者在因材施教、个性化发展的过程中完成提高语言水平的实践。因此，创设从不同侧面、不同角度表征知识的多样化情境，可为学习者的探索提供多条路径，使其可随机进入任意学习情境，实现知识的正迁移。

3. 自主学习

当代英语学习理论强调，学习者在学习过程中起决定性作用，其意义在于促进学习者的全面发展和培养学习者独立思考和自主学习能力及创新能力。在网络学习环境下，学习被看成学习者自发地与外界相互作用的产物。学习不是死记硬背，而是一个“积极地从所发生的事件中寻求（甚至强加）意义的创造性过程”。在这个过程中，学习者要根据自身的水平，寻找适合自己能力的学习起点、学习目标以及学习内容和方法，并确定自己的一套评估体系的能力。以扩大学习活动的自由空间，解决个体差异的需求问题，使每个学生的潜能得到最有效的开发。也就是说，教学对象要从客体过渡为主体，语言本身、教材和教法也属客体，是外部因素；学习者是主体，是内部因素。学习者借助多媒体网络教学系统提供的弹性学习环境，随时随地开展学习，并且能够下载或输出所需材料，从而实现网络资源的提供者和获得者进行实时和非实时的交流，使学习者学习中遇到的问题能得到及时的解答和讨论。例如，学习者可以有针对性地重点学习词汇用法或学习篇章结构和背景知识，或选择反复训练听力和发音。自主学习的方式突破了课堂时间的限制，不仅适应不同水平、不同学习要求和目的的学习者，也体现了个性化的教学原则。

4. 协作学习

由于知识的复杂性和在情境中解决问题的艰巨性，个人根据自己的经验所建构的对外部世界的理解是不同的，也存在着局限性，通过意义的共享和协调，才能使理解更加准确、丰富和全面。由此，协作发生在学习过程的始终，会话是协作过程中不可缺少的环节。学习者通过在内容丰富的情境中的对话与合作，通过对各自见解的协商而达到对新知识的构建与共享。可以说，会话是达到意义构建的重要手段之一。在信息化学习环境下，学习者面对面地进行实时在线语言交流或通过多媒体网络进行实时的文字交流的“协作学习”，使得每位网络资源提供者和获取者的思维与智慧将被整个网络学习群体所共享，即整个学习群体共同完成对所学知识的意义建构。尽管“理解”属于个人的建构物，无法共享，但可以与他人进行交流。通过交流检验和修正自己的“理解”，使之更符合客观规律。网络资源提供者和获取者之间有着动态的信息交互，学习者既通过访问网络站点进行在线学习，也可通过文献检索在线资源来选择自己所需的学习内容，以达到获得知识的目的。在学习者与教师的协作过程中，学习者获得教师的帮助，教师获得学习者的信息反馈。在情境中学习时，教师既是组织者也是参与者，他们既可以通过电子会议系统、电子黑板等实现同步协作，也可以通过 E-mail 实现异步协作。“协作学习”可在两个以上的学习者之间进行，既可在有组织的情况下进行，也可直接面对面地或通过 BBS 论坛进行。学习者可在比较分析同一问题的不同观点时提升自己的认识结构，加深对知识的理解，并在对不同观点进行梳理的过程中，提高自身知识意义建构的能力。

5. 意义建构

意义建构是学习过程的最终目标，所需要建构的意义是指知识或学习主题等的意义，即事物的性质、规律以及事物之间的内在联系。在这个环节中，学习者要根据自身在学习过程中，通过各种不同形式获得的各类不同信息形成自己的学习体会或研究成果，并且以文字材料、视听媒体、影音资料、多媒体课件和主页等多种形式将成果具体体现出来，以汇报学习成果并进行总结评价（包括学习者个人的自我评价、学习小组对个人学习的评价及教师对学习者的点评），主要目的是使学习者在一个完整、真实的问题情境中，产生学习的需求，并通过学习共同体成员之间的协作学习，通过学习者主动探索、亲身体验，完成对知识的意义建构过程。实践证明，意义建构是使学习者适应真实生活，逐步学会独立认识问题、提出问题和解决问题的一条十分有效的途径，有助于学习者在综合实践中提高自身的综合素质。

科学技术的高速发展，信息技术应用为建构主义学习理论提供了技术层面上的支撑，优化了大学英语教学资源与教学环境、教学过程与教学目标，促进了学生的学习效率和教学效果的提高。这说明信息化教学代表着先进的教学理念和先进的教学手段。

应该说，现代信息技术所构建的英语教学环境具有了情景的信息化、英语学习的全球化和个性化，为大学英语教学模式的改革奠定了坚实的基础。因此，现代教育技术支持的当代建构主义学习理论对于知识建构的意义可诠释为：学习是学习者主动地建构内部心理表征的过程，它不仅包括结构性的知识，而且包括大量的非结构性的经验背景；学习过程既要运用原有的经验建构对新信息的理解，也要建构从记忆系统中提取的旧信息；不同的学习者对事物的理解（建构）不同，协作学习有助于使理解更加丰富和全面；其主要表现在学习过程中，强调以学习者为中心，同时不忽视教师的指导作用；强调“情境”和“协作”等学习环境的设计；强调利用各种资源来支持自主学习，达到学习的最终目的。

第三节　高校英语信息化教学模式

所谓信息化教学，是指以现代信息技术为基础的一种新型的教学形态。信息化教学模式是教学模式在信息化时代条件下的新发展，是基于信息技术的教学模式（IT-based instruction model）或数字化/信息化学习模式（e-learning model）。它是信息技术支持的教学活动结构和教学方式，也是包含技术丰富的教学环境、相关教学策略和方法的教学模型。信息化教学模式会给外语学习带来许多重大的变化或变革。首先，信息时代的学习要求从传统的维持性学习向创新性学习转变。创新性学习本身又有三大重要特点：一是怎样迅速、充分、有效地选择获取和存储所需的信息；二是怎样利用它来解决问题；三是怎样打破常规重新组合。其次，创新性学习要处理好“学会”与“会学”的关系。在外语学习上，“学会”是指构建必要的外语知识基础，掌握某些专门化的知识和技能；学习的内容不仅包括知识和技能，还包括态度、动机、方法和行为习惯等。“会学”是指学会学习，在学习过程中培养各种学习能力，如表达、记忆、观察、思维和信息能力等，其中的核心是思维能力和创新能力。

信息化教学模式有许多种，但较为常见的有基于问题的教学模式、网络探究教学模式、基于项目的学习、基于案例的学习、基于资源的学习、探究学习、协作学习、基于电子档案的学习、个性化学习、个别授导、智能导师、情景化学习、虚拟教室等。随着外语教学信息化过程的不断深入和发展，新的信息化教学模式还将不断出现，构成丰富的信息化教学模式的种类。限于篇幅，本节将重点介绍基于问题的教学模式、网络探究教学模式和小组协作教学模式。

一、基于问题的教学模式

所谓基于问题的教学是指基于问题的学习模式（problem-based learning），是把教学 / 学习置于复杂的、有意义的问题情景中，通过让学生（通常是小组合作的形式）解决复杂的、实际的或真实的问题，来学习隐含于问题中的语言要点、文化背景、语言技能等，发展学生主动构建知识和解决问题的能力。

在基于问题的学习模式中要注意问题、学生、教师三大基本要素的关系和特点：问题，作为学生初始的挑战和动力，必须是界定明确的，且具有足够的吸引力激发学生去发现解决的方法，同时问题还应协调动机和建立后续学习的需要和联系。学生，作为主动的解决问题者，必须积极主动地参与，完全投入地学习，积极主动地进行意义构建。教师，作为指导者和学习的促进者，必须清晰地设计问题（任务），积极有效地鼓励、激发学生思考，使他们持续参与，监控并适当及时地调整挑战的难度，使学习顺利地进行。

为便于更好地理解基于问题的教学模式，有必要从以下几个方面把它与传统教学模式作一番比较。

（一）教师方面

教师在传统模式中是教学中的主角、专家和权威，教师群体相互独立工作，以向学生传递外语经验和知识为主，但在问题模式中，教师是引导者、帮促者、合作学习者，教师群体相互支持与合作，以指导学生获取解决问题的策略为主。

（二）学生方面

在传统教学模式中，学生被看成灌输知识的“容器”，是外语知识的被动接受者，他们往往只注重单独学习，主要是记忆并重复所获取的前人的经验知识为主的信息。然而在问题模式中，学生主动参与整个学习过程（完成任务的过程），强调的是协作学习，既要进行知识意义的建构，还要形成各种独立的外语应用能力。

（三）教学策略

传统的教学采用的是以单一的形式把知识传递给学生，而问题模式所采用的教学策略为学生自觉地参与学习，学生间或师生间讲究的是合作协调，以完成任务和解决问题为主要目的。学生在多种情景中获取并应用知识，学生自己查找信息，教师只起着引导的作用。

（四）计算机媒体

在传统教学模式中，计算机媒体主要作为教学的辅助工具，用于教师在讲授过程中向学生进行知识演示，但在基于问题的教学模式中，计算机媒体是整个教学的一个有机组成部分，是用于学生获取、处理信息和解决问题、完成任务的认知工具。

（五）评价方式

传统教学模式中的评价方式比较单一，即评价以学生的（考试）成绩为主，学生按成绩分成不同等级，教师往往是整个教学中的唯一评价者。相比之下，问题模式中的评价方式就要灵活得多，对学生的评价不仅仅局限于（考试）成绩，也不按成绩来评定学生等级，对学生评价一般由自我评价、同伴评价以及教师评价三者结合起来。

（六）教学环境

在传统教学模式中，教学环境主要由教室、课本、黑板、粉笔、设备等构成，是一种“教师中心”的学习环境。问题模式强调的是教师、学生、内容、技术等构成的生态化学习环境，是一种“学生中心”相互合作支持的学习环境。

通过上述六个方面的对比分析，我们了解了传统模式与问题模式的区别，也对基于问题的教学模式有了一个基本的概念。基于问题的教学模式通常由五个环节组成：确定问题（任务）、分析问题、解决问题、结果展示、学习评价。在这个过程中，教师只是起着指导、帮促的作用。

基于问题的教学模式在具体实施时，应包括这样几个阶段：情景创设和问题提出、问题界定和问题分析、探究和解决问题、分工合作和完成任务、评价和反馈。

第一阶段：情景创设和问题提出。教师要根据实时的教学内容和要求，利用各种信息技术提出引导性问题，逐步形成具体的学习任务。提出的问题应符合这样几个要求：①要有相应的问题、情景描述，能够引起学生的兴趣；②问题导向要明确，学习重点要清楚，实施过程要清晰；③难度要相宜，以综合原有的知识为前提，探究新知识为主要目标。学生在问题提出的基础上，针对学习重点，可以进一步细化任务。

第二阶段：问题界定和问题分析。问题明确后，学生要根据自己的理解用自己的语言来界定和描述所要研究的问题。然后，对所提问题和任务情景进行仔细思考和分析，在分析的基础上确定问题的要点所在，即找到问题的本质，形成小组，任务分工，提出可能的行动建议或方案。

第三阶段：探究和解决问题。确定学习任务的分配后，要通过各种途径搜集与主题相关的信息，同时对所搜集的信息进行归类、整理和分析。学生间要相互交流并形成解决问题和完成任务的方案。

第四阶段：分工合作和完成任务。各小组成员按分工要求，完成各自的任务并以适当的形式（如利用计算机多媒体的形式）展示解决问题的过程和结果（如语言技能的运用、文化背景的描述、语言要点的学习和练习等）。

第五阶段：评价和反馈。小组成员共享他们完成任务所取得的成果，同时进行自我评价和小组间评价。评价主要围绕任务完成过程中各成员的表现。教师要在这些评价的基础上做总体评价和反馈，提出以后努力的方向。

二、网络探究教学模式

网络探究教学模式，英文为 WebQuest Model。WebQuest 是由 Web 和 Quest 两个词组成的复合名词，Web 英文原义是“网络”，Quest 有“寻找”“探索”的意思，因此 WebQuest 是一种“网络探究”的活动，引申于外语教学就是“网络探究教学模式”。

网络探究，作为探究学习活动的一种具体形式，主要是依托互联网强大的信息资源来训练学习者的探究能力。在网络探究中，学习者可以最大限度地利用网络资源，主动发现外语领域中的未知问题，探究解决问题的方法，建构知识，学会外语。

（一）网络探究教学模式的理论基础

网络探究教学模式主要基于三方面的理论，即发现学习论、“从做中学”理论以及社会建构主义理论。发现并不仅限于人类寻求尚未知晓的事物，而应指人们用自己的头脑亲自获得知识的一切方法。引申于我们的教学，如果教师只是引导，让学生主动地去学习，他们就会因自己发现而学习，去概括原理或法则，也就会因自己发现而感到愉快和满足，从而使学习具有更强大的动力，所获得的知识也会更加深刻而不易遗忘，并能广泛地应用于实践，有助于智力的发展。因此，Brunet 的理论是要鼓励每个学习者去成为一个“发现者”。学生应当“从做中学”，他认为要求学生不从活动而从听课读书中获得知识是虚渺的，因为成长中学生的兴趣主要是活动。“从做中学”是学生天然愿望的表现，它有助于学生的整体发展，可以使学生获得知识并锻炼能力。学习过程中应重视文化与社会的角色；智力发展的最主要动力是文化，其机制在于社会互动；语言发展是文化传承的一种方式，因此必须与文化同步成长。在学习过程中学习者与环境文化的互动非常重要，因为个人的知识是在社会文化环境下建构的。上述三方面的理论从不同的角度阐述了人类学习的不同方法，但宗旨是一致的，即积极主动地构建知识的学习过程，符合人类主动探索的本质。

（二）网络探究模式的学习方式和设计原则

网络探究学习的目的是让学习者充分利用时间，使用信息（不仅仅是搜集信息）并帮助学习者分析、综合和评价各种信息资源。因此，网络探究学习方式按学习探究的时间可分为两种：短期网络探究模式和长期网络探究模式。短期模式强调知识的获取和整合，学习者获得并理解了一定量的有用信息，据此主动建构知识。短期模式（1~3 个课时），大多可以用于日常教学。长期模式强调知识的拓展和提炼，学习者通常要就一个完整的课题或任务进行有计划的信息搜寻并进行深入的信息分析和较为全面的知识重组。长期模式可以为一周也可以为一个月，大多可用于小组合作课题研究。

关于网络探究教学模式的设计，一般要遵循这样五个原则，也有学者称其为 FOCUS 原则：F—寻找合适的网站（Find great sites），O—协调组织学习者和学习资源（orchestrate your learners and resources），C—激发学习者思考（challenge your learners to think），U—选用媒体（use the medium），S—帮助学习者达到高水平学习期望（scaffold high expectations）。

1. 寻找合适的网站

在这一模式中，学生寻找（选择）合适的网站进行学习至关重要，因为合适的网站能够向学习者提供恰当的学习材料，使课堂学习得到充分的延伸。要寻找合适的网站，学生必须注意这三个方面：①熟练运用搜索引擎，如 Google、Baidu 等。在搜寻相关的学习信息时，要掌握查找技巧和搜索引擎的高级规则，以便快速高效地搜寻到所需要的信息。②深度挖掘网页信息。英文网站或适合学英文的网站不计其数，此外还有许多通过网络能查到的档案馆、数据库、博物馆等也能成为学习者的选择对象。③善于收藏已发现的优秀网站。在众多的网站中，一旦发现那些能有效帮助学习者进行外语学习的网站或资源库，应该及时地把它保存起来，而且要不断地进行跟踪。

2. 协调组织学习者和学习资源

协调和组织学习者以及合理安排学习资源是网络探究学习的重要组成部分，在设计网络探究学习时应对这两个方面加以重视。首先是如何组织好学习者。成功的网络探究学习应该与和谐的小组学习环境有关，而和谐的小组学习环境更需要把学习者很好地协调和组织起来。协调和组织学习者应包括这样几个方面：积极互动、角色协调、分工负责、协作互助。在网络探究学习中，学习者会根据学习任务进行一定的信息探寻，同时要及时地互动交流，相互促进。在交流互动的过程中，学习者要明确各自的角色，要明白没有伙伴的支持任务不易完成。小组成员的分工要明确，这样才能对任务中的某些部分负责。

在此基础上，小组成员要懂得如何相互合作，只有在协作互助中学习任务才能圆满地完成。其次是学习资源的有效组织和合理安排。应该说，网络上的外语学习资源是非常丰富的，因此如何优化组织这些学习资源是网络探究学习必须要关注的。优化组织学习资源通常可能有这样两种情况：硬件的缺乏和软件的应用。如果教学时没有足够的电脑设备，教师应采取可能的措施来弥补，如教师只用一台电脑引导全班学生讨论，协调学习节奏；也可以在硬件条件有限的情况下，按一定比例（如1 ：5、1 ：10等）设置学习中心，让学生轮流使用；如上网条件有限，要注意错开学生离线和线上活动时间，最大限度地发挥网络的功能和优势；再如学生无法上网，教师可以把相关网站的内容先下载，再供学生离线学习。在软件的应用上，要尽可能地了解各种与外语学习相关的网站以及其他的网络学习软件，这样才能灵活使用各种软件，优化组织丰富的学习资源。

3. 激发学习者思考

一般在网络探究学习中，可以采取以下方法引导和激发学习者思考：①使任务具有挑战性。任务的设计和选择必须要考虑其完成过程的难度，这种任务的难度不仅要体现在学生对任务的理解上，而且更重要的是体现在学生解决问题的能力上，以及创新设计、逻辑判断的能力上。②使任务真实化。任务设计应接近现实生活，尤其是任务的主题要来自社会的实践活动，同时要注意任务中活动的可操作性，使学生学会用于现实生活的语言技能。③使任务全面化。任务的设计要有全面的考虑，即使任务具有一定的难度，又使学生能通过任务学会从多种角度全面地看问题，以提高他们解决问题的能力。

4. 选用媒体

网络探究学习不一定完全限于使用网络资源，也可以充分利用书、刊物等其他媒体，以达到探究学习的目标。因此，在选用媒体上应充分注意这样几个方面：首先，要注意互联网不仅仅是一种计算机的网络，更重要的是人的网络和专家资源的网络。学习者除了选择适宜、有趣的网页供学习之用外，还可以寻找到大量共享的专家智慧资源。其次，要注意在学习过程中与他人交流，学习者可以通过BBS、E-mail等平台与专家或其他学习者进行信息交流。通过网络上交流互动，学习者可以相互间取长补短、启发思路、共同提高。最后，要注意学习内容的合理选择。应该说，网络是一个多媒体的环境，可提供无限量的学习资源，选用合理，则能提高学习效率，否则滥用网络音视频等多媒体内容，会分散学习者的注意力，不能达到应有的学习效果。

5. 帮助学习者达到高水平学习期望

网络探究学习可以让学生在平时不敢想象的情景中进行学习，达到传统教学很难达到的学习效果，因为在网络探究时教师可以帮助学生搭建“脚手架”，如让学生尝试把全球的软饮料（softdrinks）放在一起分析和归类，教师就应事先提供各国或地区关于饮料方面的网站、各种评述、生产销售网站等支撑信息。一般情况下，网络探究学习可提供三类“脚手架”：接受支架、转换支架、输出支架。①接受支架的作用主要是指导学习者如何根据已定的网络学习资源和已有的知识展开学习活动。网络探究学习时，学习者往往会面对海量的网络资源信息，如果缺乏指导，学习者可能会无所适从。因此，具体的接受支架往往会在观察指导、会晤技巧、在线词典的实例中体现出来。②转换支架主要是指一些网络探究学习中的方法和技巧，如比较、对照、归纳、总结、讨论、推理、决策等。在学习过程中，学习者将接收到的信息进行加工和重组以转变为新的形式，这就需要转换支架的帮助。③输出支架主要是指学习者通过学习将自己的认识和创建的成果呈现出来。学习成果的呈现可以借助一定的输出支架，如模版、写作向导、多媒体、各种组件等。

总之，“脚手架”的作用是要帮助学习者超越其以前已具备的语言能力，以更有效地内化学习内容，自主地完成学习任务。

三、小组协作教学模式

小组协作教学模式，也称计算机支持的协作学习模式（computer-supported collaborative learning），有别于传统的计算机辅助的个别化教学。个别化注重学习中的人机互动活动，而协作学习强调利用计算机支持学习同伴之间的交互活动。小组协作学习是以一种小组或团队的形式，组织学生协作完成某种既定学习任务的教学形式。

（一）小组协作学习的基本要素

协作学习的基本要素包括五个部分：积极的相互依赖、面对面互促交流、个人与小组职责、人际与小组交流技能和小组组织工作。

第一，小组协作学习需要的就是成员间要积极地相互依赖，因为这是协作的基础，没有依赖就谈不上协作。积极的相互依赖要求每个成员都明确各自的责任，即进行指定材料的学习并完成共同的学习任务。根据外语教学的特点，积极的相互依赖主要包含三个方面，分别是：①有明确的小组学习任务，而且每个成员必须明白各自的实际任务分工；②分工不等于“分家”，每个成员必须明白各自所承担的任务对完成小组整体任务的重要性，只有每个分工任务做好了，小组任务目标才能完成；③小组任务完成，获得了成功，必须要有褒奖。这样就能增强未来完成任务的信心，进一步促进积极的相互依赖。此外，积极的相互依赖还必须要有积极的角色分工，如在完成某一学习任务时，有设计者、记录者、检查者、鼓励者、解释者、角色参与者等。这样，成员间就有了角色的相互依赖性，即特定的角色义务。角色预示了小组成员对自己贡献的期望，同时每位成员又期望其他成员的角色配合，这就是相互依赖。可见，积极的相互依赖主要体现在共同的小组成果和目标实现的相互努力上。

第二，小组协作学习需要成员间面对面地互促交流，即通过面对面的共同工作，沟通思想，促进交流。互促交流主要有这样几方面情况需要考虑：①要考虑并确定小组活动的时间。小组成员间应有足够的时间进行交流，每位成员要毫无保留地谈出自己的想法。②要考虑个体思想的独特性。个体成员都会根据自己的理解或价值观对学习任务形成特有的想法，所以成员间一定要互信、互补、互励以促进交流。③要考虑对小组学习任务评估的及时性。对学习任务的进展情况要做及时的评估，注意成员间的心理调节和工作协调，因为及时评估、适当协调、个体关心、相互鼓励都是促进成员间相互交流的有效手段。高效的小组协作学习还可通过相互有效帮助、资源相互交换、信息高效加工得以实现。

第三，小组协作学习需要构建小组和个体的职责。小组的职责主要体现在业绩评价、结果反馈、同类比较三个方面，而个体职责则表现在完成个体任务、评价个体业绩、反馈评价结果、提供鼓励和帮助四个方面。在小组协作学习时，应当尽量避免出现这样的状况，即小组成员的职责难以确定、个别成员的工作成为多余、个体不对小组成果负责、成员处于消磨时间的状态等。个体职责的构建步骤是：①确定小组人数。通常是人数越少，个体职责就越大；②给每个学生做选择的机会。学生的选择往往会与个体特点较为吻合，所以也就较能胜任相应的职责；③鼓励展示自己。随机挑选学生向全班展示他们小组的工作，这样能激发起责任意识；④观察小组的协作过程。注意观察学生的特点和特长，尤其是信息技术的应用方面各成员的特长所在；⑤明确小组任务与角色作用。任务分工到位也就相应地明确了成员的小组角色作用。至此，每位成员的个体职责也就构建完毕，小组协作学习开始。

第四，小组协作学习需要有人际与小组的交流技能。人际与小组的交流技能实际上是一种社交技能或与他人进行交流的能力。为了进行高质量的协作，学生必须学会社交技能并应用于他们的小组协作中，以促进相互间的有效工作。一般来说，外语教学上的小组协作学习往往都是一些任务型的学习方式，而这种任务又会涉及许多互动的内容。要使任务型学习以互动方式运转起来，人际与小组技能至关重要。因此，在小组协作学习过程中，既要求学生围绕课程内容展开协作，又要求他们必须学会社交技能。应该说，成员的社交技能（信任、理解、支持、协调、建议等）越强，则完成协作学习任务的质量就会越高。

第五，小组协作学习需要高效的小组组织工作。一般认为，小组运行的效果决定了小组工作的有效程度。小组运行就是小组协作活动的组织工作，教师在此工作中起着举足轻重的作用。教师的具体工作应该是：①观察与评价。通常说，观察为教师了解学生的总体情况提供了一个窗口，在小组协作学习中更是如此。观察要有内容，包括观察的目标、对象、活动、反应及其他信息。在观察的基础上，教师要进行一定的快速分析和决策，并给予切合实际的评价。评价要有记录，尤其要注意对不同小组的学习结果进行比较，以便及时提出反馈。②倾听与反馈。学生完成了小组协作学习，教师必须预留时间让小组成员对小组协作的有效活动进行描述或展示。教师要细心倾听，记录有关要点。随后，教师要将结果反馈给每一个小组，对小组学习有利的个体努力应该给予确认和表扬，对于小组学习中出现的问题要有分析、解释和建议，促使小组成员进行反思以提高今后小组协作学习的质量。③鼓励与指导。教师应该明白，成功、赏识和尊重感有利于建立小组成员对学习的责任心，增强个体在协作小组中工作的积极性，增强对主题的自我感知及与其他成员协同工作的认识。教师要对协作成功的效果进行研究，特别是发现有创新性的成功实例要及时地给予鼓励，帮助学生建立做下去的信心。但是，仅有鼓励还是不够的，教师还应在各方面提供帮助和指导，尤其是在个体职责、社交技能、专业知识、活动设计等方面的指导更为重要。

（二）小组协作学习的形式

在计算机网络的支持下，学生可以突破地域和时间上的限制，进行小组讨论、同伴互教、小组练习、小组课题等协作性学习活动。基本的协作学习模式有许多种，如竞争、角色扮演、讨论、辩论、协同、伙伴、设计、小组评价、问题解决等。限于篇幅，本节介绍以下五种基本形式。

第一种是竞争。这种学习形式是指两个或多个学习者在网络上针对同一学习内容或情景进行学习，看谁能够率先达到教学的目标要求，犹如竞赛。由于学习者的这种竞争关系，学习者都会在学习中全神贯注，努力争胜，往往会取得较为显著的学习效果。这种学习形式一般采取这样的步骤：首先，网络学习系统（学习平台）提出学习目标或问题，并提供相关的信息。其次，学习者可以选择学习的竞争对手，确定好竞争协议，开始解决学习问题。过程中，竞争双方都可以看到对方的状态，并可以随时调整学习策略，直至学习任务的完成。这种学习形式的优点是学习者有较强的学习动力，效率较高，但较为明显的不足之处是竞争双方原来的外语水平差异以及学习问题的难易程度较难控制。

第二种是协同。这种学习形式是指多个学习者共同担负起某个学习任务。在学习过程中，每个学习者可以选择他认为最合适、最有效的方法与其他人合作，发挥各自的特点，相互帮助，相互提示，相互依赖，分工合作。学习者在相互合作中逐步形成对学习内容的正确理解和领悟，以集体的智慧完成学习任务。这种学习的优点是能充分发挥每个学习者的长处和团队精神，但缺点是相互的协调有时较难处理。

第三种是角色扮演。这种学习形式是指学习者以扮演不同的角色来完成学习任务。通常情况下，角色扮演有两种：师生角色扮演和情景角色扮演。所谓师生角色扮演，就是让学习者分别扮演学习者和指导者的角色。学习者回答问题，进行学习，而指导者则检查、解答、评价学习。在学习过程中，学习者可以根据不同的学习任务互换角色。情景角色扮演是要求若干个学习者按照与学习主题相关的情景分别扮演不同的角色，以营造一种与真实生活相近的外语操练场景。这种学习形式可以使学习者身临其境，体验和理解学习内容和学习主题的要求，从而更有效地实现意义建构的学习策略。这种学习形式的优点是可以有效培养和锻炼学习者语言的综合应用能力，但缺点是学习者对学习任务的“知识差距”较难衡量。

第四种是小组评价。这种学习形式是指学习者以自己的实践体验来评价学习成果，并通过评价促进进一步的学习。小组评价最重要的是要让学习者学会评价，尤其在计算机网络环境下，学习者既要对小组成员的学习进行评价，又要对小组整体的学习情况（组织、计划、进程、协调、互助、团队精神等）进行评价。无论是成员个别评价还是小组整体评价，学习者必须转变观念，从以教师为中心的观察和测试评价转变到以学生为中心的互动合作评价。评价不仅包括学术方面的，而且还包括社交、文化等其他方面。在这种学习过程中教师应该让学生明白评价绝不能只依赖教师，并充分鼓励学生进行积极、中肯的小组评价。

第五种是问题解决。这种学习形式是指学习者以解决某种问题的方式来进行学习。这实际上就是任务型学习的一种：首先提出并确定问题，其次分析问题，最后解决问题。通常情况下，问题的确定很关键，必须要有周密的考虑。问题应多种多样，既要符合学生的需求和兴趣，又要符合外语教学的规律。在分析问题的同时，要做好计划并明确小组分工。解决问题时，要相互合作、相互促进，以综合、灵活的方式解决问题，完成学习任务。

小组协作学习是信息化外语教学模式之一。上述五种方式为小组协作学习的基本方式。在具体的外语教学中，小组协作学习的方式还有很多种，因此必须灵活运用。

第四节 信息技术与高校英语教学设计的整合意义

信息技术对当今教育的推动作用无法估量，然而要使信息技术真正地推动高校英语教育、教学的发展，就必须与高校英语教学进行全面的有机整合，信息技术与教学整合，这种模式具有十分重要的意义。它可以改变人们的学习观念，预示未来教育的发展方向。

一、改变学习观念

信息技术的日新月异及与课程的整合正在深刻地影响和改变着各种学科的生态，预示了学科发展的未来。可以说，今后学生学习的主要途径不再只是依靠书本或教师的讲授，面对浩瀚的知识海洋和不断更新的网络信息，原先固定教师、固定班级、固定内容、固定进程、固定标准的单向的接受式的学习方式将被打破，取而代之的是一种全新的学习过程。在这样的学习过程中，学生以计算机和网络以及其他多媒体设备为中介，在自主选择、合理接受、科学加工、适时反馈的信息传输中轻松自如地完成富有个性化的、发现式的学习。这种发现式的学习方式将改变以课堂为中心、教师为中心和课本为中心的接受式学习格局，更多的是以自主学习、合作学习和探究学习为主的发现式学习格局而出现。显然，这种学习格局的变化与信息技术的发展有着直接的关系。

专家学者们一致认为，信息技术是物化形态技术与智能形态技术的协同利用，具有智能化、数字化、网络化、个人化、多媒体化的特征。随着信息技术的广泛应用，知识密集、信息技术产品出现了更新换代、周期加快的现象。同时，新兴科学大量涌现，知识总量急剧膨胀。知识更新的过程也空前加快，出现了“知识爆炸”现象。信息和知识犹如产品一样频繁更新换代。这种知识的极度膨胀和快速更新，不可避免地使我们的课程陷于尴尬的境地。一方面大量的新知识内容需要加入课程中，另一方面课程内容过难使学生负担不断加重。众所周知，课程展开的时间是有限的，不可能无限延长学习者的学习时间，加之近代科学技术的飞速发展和知识信息的急剧增加，又不得不使我们面对现实的挑战。那么，如何才能找到应对的方法呢？最根本的出路在于变革，改变学习过程是一种单纯继承性的传统观点。课程应该在传授一些基础性知识的同时，注重创新和适应能力的培养，对受教育者来说，最重要的是学会学习，具备进行终身学习的能力，也就是具备自我更新知识结构的能力。对于知识的学习，强调的是让学生掌握认知的手段、方法，即学会自己去发现知识，自己去获取和更新知识，而不仅仅是局限于学习知识本身。由于信息时代知识急剧增长，若是像传统教育那样只强调知识本身的学习和掌握，那么学到的知识大部分会很快过时，无法适应现代社会发展的需要，只有让学生学会认知，即学会学习的方法，才能在步入社会以后，能够自我更新知识结构，通过自学继续学到工作所需要的各种新知识、新技能。

一般说来，传统性学习，通常是维持性学习和接受性学习，而信息化学习却是创新性学习和建构性学习。维持性学习是一种继承性学习，而创新性学习要处理好“学会”和“会学”的关系；接受性学习是一种以教师为中心的学习，学生是知识的被灌输者，而建构性学习是以学生为中心的学习，强调学习者是知识的主动建构者。信息化时代的学习要从传统的维持性学习向创新性学习转变，从接受性学习方式走向建构性学习方式。要达到这一目标，信息技术必须与课程及教学模式进行全面的整合，因为它预示着未来教育的发展方向。

二、预示未来教育的发展

一旦人们的学习观念发生了改变，自然也会对未来的教育有新的展望。实际上，世界各国在展望未来的教育时都主张把信息技术作为教育、教学改革的重要一环。

在我国，运用信息网络技术对传统教育体制和教学模式的改革首先始于英语教学。如前所述，21 世纪实际上是信息技术全面发展的世纪，尤其是计算机与网络技术的发展极大地拓展了教育的时空界限，空前地提高了人们学习的兴趣、效率和能动性。就信息化时代的英语教学而言，传统的教学形式很难适应时代发展的需要，必须要有突破性的变革。这种教学的变革不仅仅是教学形式和学习方式的重大变化，更重要的是对英语教学的理论、观念、模式、内容和方法产生深刻的影响，给英语教学赋予了更深刻的全新内涵。

三、整合模式的研究背景

本研究的背景就是我国的高校英语教学改革，其规模之大、力度之强、影响之广在我国英语教学史上前所未有。高校英语教学改革的重要社会背景及其主要意义是本研究的基础。因此，有必要对此作一阐述性描述，以求厘清改革的来龙去脉。

高校英语教学改革与国家的总体发展（包括教育发展、经济增长、社会进步）不无关系，但是主要有以下几方面的背景因素。

（一）英语的国际地位

英语，作为国际通用语言，在国际政治、经济、文化、体育及其他信息交流中扮演着重要的角色。据相关统计，全世界 1/5 的人具有不同程度的英语交际能力，全世界 2/3 的科学家能读懂英文，全世界 80% 的电子信息用英文存储，全世界网站的 78% 为英语网站。英语的重要性还不仅仅限于日常的交流上，不少政治家把英语看作提升本国国际竞争力的重要手段。中国要跟上世界的发展步伐，进入国际大家庭，融入世界政治、经济、科技、文化、体育的全球化体系，较快地学习、掌握和赶超世界先进国家的科学技术，最为直接的方法就是使我国的相关人员有较强的英语交际能力。据此，可以断言英语教学不仅仅是一个简单的教学问题，而且已直接影响到我国科技、经济的发展，影响到我国改革开放质量的提高。

我国英语教学滞后性与社会迅猛发展之间的矛盾越加显著，如不及时解决，将有碍于我国经济、科技发展。如组团出访时，阵容往往十分庞大，但能用英语自由交谈者为数不多，一般都依赖翻译才能开展活动，工作效率很低，若翻译不懂专业，翻译出现偏差。谈判质量就受影响，甚至造成重大经济损失。

随着我国全面对外开放，中国正大踏步地融入国际社会，在经济、科技等各个领域同世界交往更加频繁和密切。可见，“与时俱进”就意味着我们的英语教学或未来学生的英语能力应随着国家的综合国力的提高而提高，以促进我国在国际上的竞争力。因此，英语在国际上的突出地位促使我们的高校英语教学必须进行改革。

（二）传统教学模式受到挑战

我国的高校英语课堂主要以教师为中心，教师讲课文、精解词汇和语法、组织操练、核对答案。几十年来，虽然这种“满堂灌”的教学方式忽视了学习者的主观能动性，但是我们的教师依靠个人的教学经验、人格魅力以及因材施教的小班教学方式，确实也培养了许多的英语人才。但是，随着时代的发展，尤其是到了21世纪的今天，我们的教学环境与半个世纪前和与当时制定的第一份《大学英语教学大纲》的20年前相比都发生了巨大的变化，这种教学模式势必会受到前所未有的挑战，这主要表现在以下几个方面。

1. 传统模式不能有效培养学生的英语综合应用能力

众所周知，传统教学模式的特点就是课堂教学以教师为中心，以“课本 + 粉笔 + 黑板”为工具，以帮助学习者在有限的课堂时间内获取和积累语言知识（主要是词汇与语法）为目的。这种教学模式以结构主义的语法翻译法为基础，通过精讲教科书中的核心范文向学习者输入某一阶段的语言形式（通常是词汇用法和语法规则等）。学习者通过教师的精解和自己的反复操练以形成正确的语言习惯和语言行为，这就是我国特有的“精耕细读”式的传统教学模式，故称为“精读课”。这样的传统精读模式必然会导致重教师讲解，轻学生参与；重语言现象，轻信息摄取；重语法细节，轻篇章整体；重语言知识灌输，轻语言技能运用；重阅读理解准确，轻语言交际能力培养。

2. 传统模式不能适应社会和语言环境的变化

应该说传统教学模式在受到班级规模的制约之外，还受到其他社会和环境因素的影响。首先，学习的环境和手段在变化。在过去的几十年里，高校英语课堂围绕课本开展教学，偶尔也会听些录音。现在，随着信息技术的快速发展，学生获取知识和信息的渠道变得丰富起来，因而不再满足英语学习就是围着课本转的传统方式。传统的教学模式在计算机、网络等多媒体的冲击下，必然会失去其原有的地位和优势。其次，学生的学习动机在变化。过去学生学习英语的主要目的是通过考试，获得文凭即可，因此学习相当被动，只要跟着课本学就足够了。现在情况就不一样了，学生学习英语不仅仅是为了一纸文凭，他们必须为今后的就业、出国留学、报考研究生等加大学英语的力度，从而学习变得更为主动，并且对学习内容提出更多的个人要求，尤其是语言的综合运用能力方面，更是要求有显著的提高，课堂上只是教师讲学生听的模式无法满足学生的个人需求，这些都对传统的教学模式提出了挑战。由此可见，传统的教学模式很难应付这些变化。要改变这样的局面，满足社会和学生的新要求，教学模式的改变势在必行。

3. 教育资源的相对匮乏

我国是一个人口大国，教育的发展相对落后，我国自改革开放以来，经济得到了蓬勃的发展，我们的高等教育一定要跟上。因此，国家要发展，高等教育一定要走大众化道路，高等院校扩大招生规模已成必然趋势。大学扩招给原本就紧张的英语师资队伍带来了日益严重的压力，教学资源紧缺问题越来越突出。“用传统的教授方法，需要多少师资才能满足教学需要，完成教学任务？如何来保证教学的质量？这些都是必须要面对和思考的问题。在校学生数量不断增加是国家一定历史时期社会、经济发展的要求，也是高等教育大众化发展的必然趋势，但是教师队伍不能以同等的速度无限制增长。”一方面招生规模扩大，另一方面教学资源又相当有限，我们的英语教学要在这样的困境中完成任务，只有走教学改革这条路，采用新的教学手段，挖掘现有潜力。现在最有效的方法，就是要借助计算机网络的超强功能（海量快速的储存、便捷正确的传输、广泛的网络共享等），缓解教学资源紧缺的问题。上述三个方面促使我们必须进行大学英语教学改革，以求从改革中发现新的教学模式、方法和手段，提高英语人才培养的质量。

四、整合观念的研究要点

整合观念的研究要点与高校英语教学改革以及新模式的形成、发展与实施有关。众所周知，高校英语教学改革开始后，教育部先在 180 所高等院校试行新模式，此后缩减到 60 所试点院校，不久又缩减到 31 所试点院校，同时在其他非试点的各类高校中也开始试行新的教学模式。这些新模式的试点工作都在一定程度上取得了成效，积累了不少宝贵经验。但是，几年过去了，新模式的实践情况究竟如何？是否体现出新模式的优势达到预期效果了呢？这些都是人们所要重点探讨和研究的问题，因为高校英语教学改革必须在不断的探讨和研究中得以完善和发展，使信息技术与英语教学尽快地整合起来并逐渐走向成熟。在进行高校英语教学改革的同时，从与部分教师和学生的交流中发现，在实施新模式的过程中他们在思想观念上、教学组织上、现代信息技术的利用上以及对新模式的理解上都存在许多困惑，突出表现在以下四个方面。

1. 教学较为茫然

教师在日常的英语教学中感到非常盲目，一般是给什么教材就讲什么教材，而且是“以前教师怎么教我的，我现在就怎么教学生”，缺乏必要的系统培训。

2. 教材的利用率不高

现在学校使用的高校英语教材都称为“立体式”教材，但就是缺乏立体式的使用方法。可以说，多数教师都使用传统的方法讲授新教材，从而教材中的许多特色得不到有效的开发和利用，影响了教学新模式的有效实施。

3. 教师观念转变滞后

教师在如何正确利用现代信息技术的观念上显得相当滞后，可以说许多现代化设备充其量只是在为一个大录音机作使用，仅上些听力课而已，计算机网络在教学上的功能与作用根本就未得到充分发挥。当然，教师也很认可先进的教学理念。如“以学生为中心”“学生能主动建构知识”等，但在具体的教学实践中又显得十分困惑，始终走不出传统的以教师为中心的教学框框。

4. 学生课外自主学习较难

按照新模式的要求，学生必须进行一定课时的在线自主学习。但实际情况是学生在线的自主学习效果很差，原因是课堂教学内容和网络学习内容一模一样，学生很难再有兴趣在网上进行重复学习。

此外，多数学校在网上供学生进行自主学习的内容除了课本外很少提供其他方面的学习资源。上述问题的存在必然会有碍于高校英语教学改革的发展和新模式的有效实施。自从计算机网络进入英语教学模式后，传统的英语教学环境被打破，出现许多变化和失调现象。如何使失衡的教学环境重新走向平衡，使新模式和现有的计算机网络教学系统协调发展，对这些问题进行研究，并探讨出较为有效的解决方案，就显得相当重要，且具有现实意义和实践参考价值。

第四章 基于网络多媒体的大学英语教师发展

在网络多媒体环境下，大学英语教师自身的发展问题是信息时代的必然要求和内在呼唤。基于网络多媒体的大学英语教师应通过何种途径有效地促进自身的专业发展呢?本章就对这一问题进行探讨，全面分析大学英语教学教师的角色与素质，进而探究大学英语教学教师的发展途径。

第一节 大学英语教师的角色分析

由于网络多媒体辅助于大学英语教学，可以看到传统的教学模式发生了巨大改变，这也必然会影响教师作用的发挥。在这样的条件下，教师的作用并不是无关紧要，而是由于网络多媒体技术与大学英语教学的结合，教师有了更多的时间和精力去调整自己的角色。那么，广大教师要适应这一全新的教学模式，首先就要求教师对自己的角色有一个准确的定位。

一、教师的角色

由于中西文化存在明显的差异，对教师角色的认同也明显不同，但是对教师的基本认知几乎达成了共识。对于普通教师而言，其主要担当着如下角色。

1. 教育者

作为一名教育者，教师首先担负着教育人和培养人的责任与义务。为了实现这一目的，教育者必须具备高度强烈的敬业精神以及社会责任感，以身作则，身体力行，通过自己的行为去教育和感染学生，帮助学生树立良好的人格。

2. 工程师

作为一名工程师，教师担负着引导人、改善人、塑造人的任务。教育的目的就在于改善人的行为、净化人的灵魂。这是因为，教师是人类行为和灵魂的工程师。作为工程师，教师在教书育人、对教育对象起到主导作用的过程中必须具有精湛的技术、渊博的知识，制造和设计出被社会认同的优质产品和优良品格。

3. 激励者

作为一名激励者，教师承担着鼓励和激发学生求知欲望的任务。兴趣是最好的老师，是推动学生学习的原始驱动，而求知欲望是学生成功的前提。教师教学的一项重要任务是通过开展教学活动来开启学生通往智慧的大门，激发学生对知识的渴望及兴趣，从而不断培养他们认识世界、改造世界的能力。

4. 艺术家

作为一名艺术家，教师在教学过程中还承担着传播美的角色，不断培养学生的审美能力，提高他们鉴赏美的能力，使学生学会追求美，善于用眼睛观察和发现美，最终实现美的创造。

5. 指导者

作为一名指导者，教师在整个教学活动中起着重要的指导作用。教师要通过运用科学的教学方法来引导学生学会学习，学会如何理解和掌握知识体系，如何培养自己的技能，如何从一个可知领域向着未知领域发展。

综上所述，作为普通教师，首先应该充当教育者、工程师、激励者、艺术家、指导者的角色。无论时代如何变化，学科有何不同，教师的本质特征是不变的，所以坚持这些共性特征是所有教育者必须遵循的。

二、英语教师的角色

作为一名英语学科的教师，除了要承担上述角色外，还扮演着特殊的角色。作为一门语言学科，英语具有独特的学习方法和体系，英语教师在进行教学时需要从英语学科的具体特点出发，即教学中应该包含如何提高学生的英语运用能力，如何激发学生英语学习的兴趣和积极性，这就要求英语教师必须承担如下多重角色。

1. 英语语言知识学习的引导者和帮助者

英语教师是英语语言知识的诠释者，因此他们首先要具有渊博的英语语言知识储备。也就是说，英语教师必须对专业知识有一个系统的掌握，并能够系统地分析出各种英语语言现象。从教师教育的研究中不难发现，英语教师需要掌握的专业知识包含理论知识、形式知识、语境知识、实践知识等。这些知识不仅包含语言形式结构的知识，还包含语音知识、词汇知识、语法知识、语篇知识、社会文化知识等具体的语言使用的知识。英语教师只有掌握了这些知识，才能对语言材料、语言现象有清晰的剖析和阐述，也才能解答学生学习中所遇到的问题，从而使学生恰当地理解并实现语言输出。

另外，语言技能的掌握和使用也离不开语言知识的积累。通过不同的语言形式，语言功能得以实现。无论教师采用何种教学策略，其必须要教授的教学内容就是英语语言系统知识及对这些知识的分析和输出。可见，英语教师是英语语言知识学习的引导者和帮助者。

2. 英语语言技能掌握的培训者和合作者

英语教师不仅是英语语言的诠释者和分析者，更是英语语言技能的培训者和合作者。在学生进行语言学习时，对语言知识的掌握是必要的前提条件和基础，而学习语言的目的是提高和发展自己的语言运用能力。

一般来说，语言技能包含听、说、读、写、译五项。从语言的发展规律上来看，听、说位居第一，而读、写、译其次。但是，从外语教育的角度来说，读、写、译居于第一，听、说居第二。这就说明，英语教育的目标是让学生具备一定的读、写、译能力，而听、说能力是提升学生读、写、译能力的前提和基础。因此，在大学英语教学中，教师必须具备掌握语言技能的能力，这是一个全方位掌握的概念，是听、说、读、写、译的有机结合。如果不能掌握这些技能，教师就很难驾驭语言课程，也很难娴熟地对语言教学活动进行组织，更无法实现提升学生语言技能的重要目标。

另外，需要指出的是，英语教师还担任着英语语言训练合作者的角色。也就是说，并不是教师将任务布置给学生就可以了，还需要引导学生，参与到学生的活动中，让学生在教师的帮助下更得心应手，既学到了知识也完成了任务，从而也提升了教师的教学效果。

3. 英语课堂活动的组织者

对于任何教学活动来说，课堂活动是必不可少的，这在大学英语课堂也不例外。英语课堂活动是课堂教学的载体，设计合理的英语教学活动有助于提升教学的质量。如前所述，英语是一门特殊的学科，有着特殊和明显的特征，因此在课堂上教师需要对英语技能进行培养和训练，而英语课堂活动恰好是训练技能的一种有效方式。

但是，就普通大学英语课堂来说，教师可用的教具只能是粉笔、黑板、幻灯片、投影仪、录音机等设备，这些设备携带并不方便。借助于这些教具，学生可以了解很多基础性的知识，对基本原理有了更直观的了解和接触，但学生并没有太多的机会参与到课堂中，仍旧扮演着被动者的角色。同时，英语训练需要语言环境的参与，但是在普通的大学英语课堂中只能提供有限的教学环境，如辩论、对话、表演等，学生缺乏真实的语言训练的机会，如远程对话交流、电影配音等。虽然教师发挥了活动组织者的作用，并且活动也大多都比较直观，但这是远远不够的，很难加深学生对英语语言知识和技能的印象，也很难巩固自己的语言知识体系。

4. 英语教学方法的探求者

在英语教学中，教师不仅仅是固有教学方法的使用者，也承担着新型教学方法的探求者和开发者的角色。语言教学具有很强的实践性，因此其与教学方法关系密切。英语语言知识的分析、语言技能的掌握、课堂活动的组织等都离不开科学的教学方法。

英语语言教学的方法有很多种，如语法—翻译法、听说法、交际法、情境法、任务法、自主学习法等。这些方法都存在某些优点，也存在某些缺点。因此，任何一种教学方法都不是万能的，英语教师需要将各种教学方法综合起来组织和实施教学，以便获得更好的教学效果。就当前的大学英语教学来说，已经从传统的以教师为中心转向了以学生为中心，强调学生的主体地位，这也有助于实现教师和学生的双向互动。

5. 中西方语言文化差异的解释者

英语教师还充当着中西方语言文化差异的解释者的角色。文化背景与文化传统不同，其价值观念和思维方式也存在明显差异。文化差异逐渐成了中西方跨文化交际的障碍。

从社会文化角度来说，语言是一种应用系统，具备独特的规范和规则，是文化要素中不可或缺的一部分。在英语教学与学习中，除了要教授英语语言知识和技能外，还需要教授文化背景知识，三者是相互促进、相互弥补的关系。

只学习语言材料，不了解文化背景，犹如只抓住了外壳而不领悟其精神。文化背景知识是理解过程中意义赖以产生的主要因素之一。因此，学习语言就是学习文化。语言文化知识的教学，除了要讲解本土文化知识外，还需要讲解英语民族的文化知识。中西方语言文化的差异性主要体现在社会制度、风俗习惯、思维方式以及道德价值上，其在语言的词汇、篇章、结构、言语行为中都能够体现出来。作为中西方语言文化差异的解释者，英语教师要熟知和了解中西方的语言文化及差异性，因此他们大量阅读中英文资料、观看中英文电影，积累足够的能够表现中西文化差异的一手素材非常必要。

另外需要指出的是，在充当中西方语言文化差异的解释者的过程中，教师需要保持一种中立的态度，文化没有好与坏，在选取素材上也尽量选取那些不会伤害任何文化的素材，这样有助于更好地引导学生对中西方语言文化有清晰的认知。

6. 英语语言环境的创设者

根据二语习得理论，语言环境对于语言学习有着至关重要的作用，尤其是在缺乏真实语言环境的教学中更是如此。通过创设真实的语言环境，教师可以将新旧知识联系起来，了解中西方的文化传统习俗，接受原汁原味的中西方文化的感染和熏陶。这比学生单独学习词汇、单独学习句子等成效显著得多。

英语语言环境的创设不仅在课堂教学中展开，在课外也应积极创设。在课堂上，教师可以利用网络多媒体技术呈现与文化背景有关的资料和信息，让学生了解与西方社会文化资源接近的各类文化资源和语言环境；在课外，教师可充分利用网络教学平台、英语学习语料库开列书目，布置任务，引导学生大量阅读英语报刊、书，使学生始终置身于英语学习的环境中，不断提高其英语水平。

7. 英语语言教学的研究者

英语教师除了担任语言教学任务外，还承担着研究者的任务。他们在掌握语言教学理论与性质规律的基础上，逐渐构建自己的教学理念，并运用这一理念去指导实践活动，达到良好的教学效果。因此，英语教师在英语语言教学实践中，必须进行英语语言教学的理论研究，将教学研究与课堂教学实践相结合，从而实现理论到实践的转变，再到理论的升华。

三、基于网络多媒体的大学英语教师的角色

在网络多媒体环境下，大学英语教师的职责并没有削弱，反而面临着更艰巨的挑战，因为这一全新的模式对大学英语教师提出了更高层次的要求。大学英语教师必须学会运用先进的教学手段和教学模式，改变传统的教学理念和模式，这样才能适应当前教育的需求。在具体的定位上，教师除了具备上述角色外，还担任如下几种特殊的角色。

1. 语言单元任务的设计者

单元主题目标往往需要对单元任务进行设计，学生通过对真实任务的探索以及对英语语言的操练，既能拓宽自己的知识面，又能提升自己解决问题的能力。因此，语言单元训练任务是语言学习的一项重要项目，这就要求教师在网上设计相应的能够提升学生基本技能的任务，让学生在规定的时间内完成任务，并且提交后查看结果，电脑当场给予学生分数。学生以这种方式完成一系列的任务，有助于降低压迫感与挫败感，他们也愿意参与到任务中。

语言单元训练任务的完成是学生解决问题，实现教学目标任务的前提，他们只有掌握了必备的语言素材，才能对相关的语言材料进行操练和应用。学生可以选取教师设计的单元任务，如“生态环境保护”“交通”“旅游”“网络学习”“网络购物”等，通过网络查找相关资料，并对信息和材料进行分析，可以就观点与老师和同学进行交流，最后以网上作业的形式呈现自己所获得的成果。

2. 有效主题教学模式的设计者

在网络多媒体环境下，大学英语教学要求教师设计和探讨新的教学方法和教学模式，既要将网络多媒体的优势发挥出来，又要提升学生的学习效率。大学英语教师设计的主题教学模式应该是学生感兴趣的热点话题，如校园生活、学业压力、人际关系、就业、考研、钦佩的人、难忘的事、旅游、海淘等。整个主题教学模式是围绕某一主题进行的，让小组进行关于主题的分散讨论，最后以主题写作形式结束单元主题的教学。

当教师运用网络来与学生进行讨论时，要对教学的内容、网上的资源进行合理安排。

一般来说，讲评和讨论可以在课堂上进行，而阅读和写作可以在网络上进行。

在网络多媒体环境下，教学中设计的每一个主题都可以在网上找到丰富的资料，包含其涉及的文化背景知识和发展动态，然后由学生自己进行整理总结，得出自己的结论，然后再与其他学生展开讨论，这样学生就可以不再受课本的束缚。

在这一教学模式下，教师尽量链接一些有效网址，如常用热点新闻网址，帮助学生接触更多的国内外新闻知识。同时，教师还可以介绍一些国内外主要报纸杂志、新闻的网址。另外，教师可以下载一些争议性、前沿性的资料，引发学生的挑战意识和欲望。

3. 学生网络学习的帮助者

网络多媒体辅助大学英语教学的一个重要特色就是其具有网络监控作用。通过网络监控学习，有助于了解学生的学习过程，帮助学生实现自己的需要。教师是学生网络学习的帮助者，尤其是后进生的帮助者。通过学生对网页等的浏览，教师可以进行记录，了解学生的参与情况和次数，帮助他们了解学习中的困难，并解决实际中的问题。

但是，由于学生出现的问题不同，因此教师应该根据不同的学生给予不同的指导和辅助，促进学生得到不同层次的提升和进步。可见，教师对学生网络学习的帮助更人性化，避免了学生出现畏惧心理，并能够快速地解决问题，完成自主学习。

4. 在线学习系统的建立者和学生学习过程的监控调节者

网络多媒体技术为学生的大学英语学习提供了便利条件，而调控学生的学习、提供个别的指导是教师的主要任务，但是英语教师首先要做的就是建立一个完善的在线学习系统。这一系统不仅包含教师端，还包含学生端。学生端首先需要填写自己的信息，然后按照班级让教师提出申请，进而加入这一在线学习系统中。教师对学生端进行审核，确定无误后允许学生加入该系统。

根据导航指示，学生获取相关资料并且可以下载。例如，在线学习系统包含“单元测试”与“家庭作业”等子项目，学生在“单元测试”中进行训练和测试，在“家庭作业”中提交自己的作业。之后，学生可以通过“师生论坛”或者 E-mail 的形式与教师或者其他学生进行讨论，参与网上的交流不难发现，在线学习系统是课堂教学的延伸。通过系统的处理和记录，教师可以将学生的记录进行比较综合，从而迅速、直观地了解学生的学习状况。

5. 交互机制实施的促进者

单纯的语言输入并不能保证语言的习得，而交互活动是语言习得的关键，其中交互活动包含意义协商和语言输出。网络多媒体为大学英语学习的交互提供了很大的便利。作为交互学习的促进者，教师应该组织指导和激发学生参与到主题单元的交互活动中。

例如，利用 OICQ 就某一专题与学生展开交流；利用 BBS 发布教学内容，布置给学生学习任务，为学生分析解决问题提供指导；利用 QQ 群或者讨论组与学生进行交流等。这些网络交互活动可能具有即时性，也可能具有延时性，但是在整个活动中教师都是促进者的身份，与学生进行平等的讨论，并给予恰当的意见。

6. 大数据的搜集挖掘者和分析者

如今，信息技术发展到大数据阶段。随着使用大规模的在线公开课程，学生可以免费获取大量的名校课程，学生进行学习的途径有更多的选择，这就给大学英语教师提出了更高的要求。数字教育平台的建立，使得学习各门网络课程的学生增多，也促使网络信息库的资源不断丰富。通过对学生的海量信息进行搜集和挖掘，教师可以更准确地把握学生的特征以及学生学习的效果，并对学生下一步的学习形式和内容进行预测，真正地实现因材施教。

作为大数据的搜集挖掘者和分析者，大学英语教师必须把握大数据分析的技巧和方法，其中包含模型预测、机器学习、比较优化、可视化等方法。

第二节 大学英语教师的能力分析

正因为大学英语教师在基于网络多媒体的大学英语教学中担当着十分重要的角色，对教师的能力提出了更高的要求。网络多媒体引入大学英语教学引起了教学理念等的变革，使以学生为中心的理念在网络多媒体环境下得到了加强。网络多媒体技术为教师引导学生自主学习、个性化学习提供了更为有利的条件和环境。在网络多媒体环境下，大学英语教师如何发挥教师的主导作用，如何充分利用网络资源来引导学生促进学习？为适应网络多媒体环境下的教师角色，大学英语教师需要具备如下能力。

1. 高尚的职业道德

教师职业道德是作为一名教师基本的行为操守和道德品行，是教师在教学过程中调控与国家、与社会、与学生之间关系应该遵循的道德意识、道德规范、道德情操的综合。无论教学模式、教学形式如何变化，对教师的职业道德要求是永远不会改变的。

在网络多媒体辅助下的大学英语教学中，教师与学生之间并不是面对面的交流，而是人与机器的交流。在这种交流下，人们必然会遇到多种疑问和困难，因此教师需要具备过硬的品德修养，更强烈的耐心和责任心，对学生的成长加倍关注，帮助学生答疑解惑。

教师应具备高尚的职业道德，要求他们对待学生要循循善诱、宽厚待人，善于关注学生及其身心健康。教师要准确把握大学生的心理特点，帮助学生在网络多媒体环境下构建正确的价值观与人生观，构筑积极、健康的心态。

在网络多媒体环境下，大学生必然会受到虚拟环境的影响，其接收的海量信息也必然是复杂的，他们的心理也会随之受到冲击和考验。同时，大学生具有个性化、多样化的特点，因此他们更加注重个体对事物的体验，对平等、个性等有着极大的认同感，这种敏感的认同必然会引发学生很多问题。因此，大学英语教师应该帮助学生培养自己的品德，通过与学生沟通，了解学生的心理动向，也可以给学生推荐一些必读物，为更好地参与校园活动，树立正确的人生目标，与同学和谐地相处做好准备。

基于网络多媒体的环境，教师可以给学生提供有价值的电子书与视频文件，帮助学生树立积极向上的心态。他们可以建立QQ群、讨论组、微信群等，相互交流，及时帮助其他学生解决自己遇到的学习问题，杜绝各类恶性事件的发生。

2. 创造性思维

在思维领域，创造性思维是最高的形式，是有价值的思维形式。所谓创造性思维，是指运用新方式、新技术来解决问题、处理问题。创造性思维具有四个基本特征：①独特性，能够打破常规，从独特的角度来发现与解决问题。②多向性，包含发散性思维与聚合性思维。③综合性，通过综合和分析归纳，抓住事物的主要矛盾和矛盾的主要方面。④发展性，对事物的发展应该具有预见性，进而推测事物发展的趋势。

在网络多媒体环境下，大学英语教师应该充分利用网络提供的资源进行教育创新和教育科研。独特性思维要求教师应该对中英文信息资源有足够的掌握，从而设计出独特有效、具有个性的教学模式和方法。多向性思维要求教师具备对网络资源进行归纳的能力，从而优化教学效果。综合性思维要求教师具备将英语学科与网络多媒体技术整合的能力，将网络多媒体技术最大化地运用到英语教学中。发展性思维要求教师的眼光应该具有前瞻性，通过技术发展预测教学的发展前景。

3. 精湛的专业水准和知识储备

网络多媒体环境下的大学英语教师需要具备精湛的专业水准和知识储备，即扎实的语言基本功。所谓语言基本功，是指教师能够驾驭和把握英语语言知识和语言技能，能够得心应手地运用英语这门语言进行授课，这是对大学英语教师最基本的能力要求。

在网络多媒体环境下，教师最重要的业务能力是有较强的口语表达能力及较强的写作能力。这是因为，在网络多媒体环境下，大学英语教师与学生往往通过文字与声音来交流，如果教师能够表达清晰，那么必然会与学生很好地完成沟通。可以说，语音、语调纯正清晰，文字表达准确流畅是教师的必备能力。同时，教师还需要引导学生培养自己的批判性思维，掌握不同文化的差异性，对他国文化进行有选择的吸收，激发学生使用英语语言的兴趣，并使学生从中感悟人生。

除了具备基本的知识储备之外，大学英语教师还应该拥有运用现有知识和技能来学习其他信息、其他知识的能力。这是因为，在网络多媒体环境下，问题讨论都具有开放性，既不能预测，也不能设定结果。也就是说，教师和学生站在同一起点上，如果教师没有足够多的知识储备和较强的能力，那么就很难引领学生进入下一阶段的学习，也无法在学生面前展示教师的形象。

4. 新颖的教育理念

通过对网络多媒体环境下的大学英语教学研究，外语习得是学生在一定的社会文化背景下，通过他人的帮助和利用其他学习资料，以意义建构的形式来获取外语语言能力。这一新颖的教育理念要求以学生为中心，教师的责任是指导学生，参与到学生的互动中。事实上，教师和学生都是主体，教师主要起教的作用，而学生起学的作用，因此互动主体课堂理念不仅没有忽视教师的重要作用，反而更注重教师的监督和管理作用。也就是说，教师发挥的作用更重要。在课堂开始之前，教师需要搜集相关课堂教学资料，设计与课堂主题相关的题目，提前给学生布置任务，让学生积极地参与其中。在课堂上，教师与学生之间进行交流与活动，可以是个人展示，也可以是分组活动，可以先讨论再展示，也可以先陈述观点再讨论点评。

5. 非凡的科研能力

理论来源于实践，而教学理论也来源于具体的科研实践。科研实践是检验科研理论的基础。教学将理论与实践相结合，教学实践需要科研理论的指导，而新的科研理论方法产生于教学实践，二者相互促进、相互补充，共同发展。

在网络多媒体环境下，大学英语教师需要具备非凡的科研能力，首先要求教师掌握基本的研究方法，如教学实验法、问卷调查法、访谈法、文献法、个案研究法等。在具体的实施中，教师可以从自己的需要出发，选择与自己相符合的研究方法。另外，基于网络多媒体的大学英语教师还需要具备信息加工、网络搜索、信息反馈等科研能力。

6. 较高的信息素养

大学英语教师如果具有较高的信息素养，就能认识到完整与精确的信息是扮好合理角色的基础；就能确定对信息的需求，并通过对信息的分析提出问题；就能确定哪些信息源是潜在的，从而根据这些信息源制定成功的检索方式；就能具备获取、组织、使用、评价信息的能力。因此，大学英语教师需要养成信息化教学的习惯，使自己的知识向着多样化的方向发展。

在网络多媒体环境下，大学英语教师提高教学质量的关键在于对现代技术的掌握和具备较高的信息素养。具体来说，大学英语教师需要做到如下四点。

第一，具备良好的信息意识，能够从复杂的信息结构中捕捉到有效的信息，把握英语这门学科的动向。同时，教师还能够抓住学生的信息，对他们的心态与动态有一个基本的把握，从而为保证学生的健康发展奠定基础。

第二，具备较强的信息获取、信息存储、信息加工、信息筛选、信息更新、信息创造的能力，这是教师具备较强的信息素养的核心。由于各类信息的复杂性与变化性，大学英语教师需要对相关的有价值的信息进行辨别，并且能对这些信息进行加工和利用。

第三，具备较强的信息运用和创造的能力，这是大学英语教师在信息素养上区别于其他职业明显的特征。

第四，具备了解最新动态、及时捕捉前沿信息的能力。

7. 丰富的教学方法

在网络多媒体环境下，网络教学是课堂教学的补充和延伸，这就导致大学英语教师的角色发生改变，教师充当了网络资源设计者、学生学习的协作者的角色。教师与学生之间是互助合作的伙伴关系，学生是任务的操控者和实践者，因此教师的教学方法必然会发生改变。

在网络多媒体环境下，教师不仅仅是单一的口述教学法，而应该借助网络多模态对教学内容进行展示。在使用网络多媒体辅助下的英语教学时，教师可以将课堂、个别、自学等形式结合起来，随时了解学生的学习情况，学生也能够选择适合自己的学习方法和内容。此外，教师可以优化传统的教学法，如交际教学法、任务教学法、合作教学法、案例教学法、启发教学法等，合理利用这些教学方法，弥补单一教学法的不足，从而大大提升学生的兴趣和积极性，也提高整个英语教学的效果。

第三节　大学英语教师的素质提升

网络多媒体环境下的大学英语教学对教师的专业能力提出了更高层次的要求，如何实现教师的专业化发展逐渐受到了教育界的重视。下面就从几个方面来探究大学英语教师的素质提升方式。

一、发展提高模式

发展提高模式主要研究的是三大模式：专业引领模式、教学实践模式、自导式学习模式。在三大模式的配合下，发展提高模式可以大大提升大学英语教师的素质。

（一）专业引领模式

当前，我国的高校教学改革在如火如荼地进行，先进的理念只有通过研究者与骨干教师等高层次人员的协助与带领，才能促进教师的专业和素质发展。通常情况下，能够起专业引领作用的一般是教育研究的专家、行家、专业研究人员、资深教师。大学英语教师通过向这些人士学习，能够接触英语教学领域先进的经验、技术、思想，从而推动自身的专业化素质发展。

具体来说，专业引领模式包括以下内容。

1. 专业引领模式要求将专家、英语教师双方的积极性和能动性发挥出来

引领人员不同，其侧重点也不同。科研专家注重的是教育教学的理论，因此其引领的是科研理论与实践的紧密结合。英语骨干教师注重的是教育教学的实践，因此其引领的是教育教学活动的具体实践操作。但是，无论是科研专家，还是骨干教师，他们都需要具备较高的专业引领能力，既能够在理论上给予专门的指导，又能够在具体的教学活动中给予建议，同时还能够给予适当的指导，以行之有效的方法来帮助教师开展具体的教学活动。

对于被引领教师来说，他们应该积极主动地配合科研专家、骨干教师的工作，对他们给予的意见和建议应该认真听取，从而对自己的教学活动进行总结和分析，反思自己之前的教学活动，从而不断提升自身的综合素质。

2. 专业引领模式要求目标明确、内容正确、方法恰当

高校的大学英语教师专业发展的总目标是能够掌握新知识、新信息，并且能够运用这些新知识、新信息来提高专业素质。事实上，大学英语教师存在着个体差异，因此其在水平上和专业发展方向上也必然不同。因此，在进行专业引领时，应该从不同教师的实际情况出发，制定科学合理的目标，选择针对性强的内容与方法来进行引领，从而实现引领的有效性和合理性。

3. 专业引领要到位，而不越位

专业引领人员的引领对于大学英语教师来说只是提供了必要的引导和帮助，并不是完全代替教师，因此不能越俎代庖。这是因为，在专业发展的路途中，英语教师是真正

的主体，其实践活动与独立思考等不能被专业引领人员代替。因此，在专业引领中，应该让教师自己独立地进行理论研究教育，不断提升不同教师的理论与实践水平。

（二）教学实践模式

如前所述，在基于网络多媒体的大学英语教师的专业发展中，教学实践是不可或缺的。教师实践模式是将教师的专业发展与平时的授课联系起来。在该模式中，英语教师的发展主要在日常课堂中体现出来，而教师发展的动力也在日常教学实践中。只有通过日常的教学实践，教师和学生才能共同发展。

在教学实践模式的实施中，应该注意把握以下三个方面。

第一，在英语课堂中，教师对教学内容的设计、选择以及教学方法的采用往往会对课堂起直接的影响作用，这不是外在因素能够减弱的，它们决定着学生学业表现的提高。

第二，在英语课堂中，学生是学习者的角色，而教师也是学习者的角色，教师与学生共同参与互动体现了教学效果的核心，因此应该对二者的共同提高予以关注。

第三，通过课堂教育与发展这一理念，教师应该将课堂场景与社会紧密联系起来，实现英语教学、社会、个人的相结合。

（三）自导式学习模式

根据建构主义学习理论，学生在学习时需要发挥自己的主观能动作用，通过积极主动的学习来获取英语知识。大学英语教学中教师在不断地发展和成熟，应该认识到自主学习在学生中的重要意义。因此，基于网络多媒体的大学英语教师还需要引导学生进行自导式学习，培养学生养成自主学习的习惯，促进学生自身的发展。

另外，教师要坚持用发展的眼光来要求自己，不断更新自己的知识储备，将新旧知识结合起来，以更好地推进大学英语教学工作。

二、合作制模式

在基于网络多媒体的大学英语教师发展中，合作制模式是一种非常有效的发展途径。该模式包含这样四种模式：校企合作模式、师生合作模式、同伴观摩模式、校本督导模式。

（一）校企合作模式

对于校企合作模式的分析，首先需要弄清楚“校”与“企”。“校”指的就是学校，而“企”指的就是企业或“企业界”“工业界”，因此校企合作就是学校与企业的合作。

在教育领域，校企合作模式是对教育活动、改革发展情况等规律的整合和揭示。在著名学者杜威看来，学校就是社会，而教育就是生活经历，学校是社会生活的一个重要形式。因此，从杜威的观点中可以看出校企合作模式是学校与企业为了实现各自的目的，而建立的一种合作共同体。其构建的目的是实现产品研究、技术开发、教育培训、学生培训、社会服务等。

在大学英语教师的发展层面，校企合作模式有以下两个基本观念。

第一，英语教师的发展需要从系统的观念和全局来进行设计，从而实现整体化的改革，这不是在大学内部可以自己解决的。

第二，要想保证英语教师能够真正实现专业化发展，首先需要提供一个开放、自然的生态环境。

在具体的实践中，校企合作模式要求高校和企业构建符合要求的高素质的专业教师队伍。这需要从以下两点着手。

第一，大学英语教师深入企业，亲身体验与实践，以了解社会对学生素质的要求。在企业中，大学英语教师可以深层次感受企业文化，从而树立企业观、市场观，也明确自己的教学目标，提高自己的教学技能。

第二，企业的高级员工去高校讲学，使教师队伍进一步强化，解决当前高校师资力量短缺的问题，最终实现师资共建。

（二）师生合作模式

所谓师生合作模式，是指目标相同、信念相同、理想相同的教师和学生共同构筑的合作模式。该模式包含很多层面，如教学过程、教学内容、教学目标等。只有教师和学生都积极地参与到教学活动中，彼此之间进行互动交流，才能保证师生之间实现知识共享。这是构建师生合作模式的最终目的。

在构筑师生合作模式时，可以从如下几点着手。

1. 构筑民主的师生关系

就当前的师生关系来说，他们应该是平等的。根据民主教育思想，大学英语教师应该将学生个体的价值凸显出来。每一位学生都有自己的权利、自己的尊严、自己的情感需求，教师要对学生的这些需求予以尊重，将学生的主体性发挥出来。传统的大学英语教学强调以教师为中心，即学生要尊重教师，但是应该认识到学生尊重教师的前提是教师要尊重学生。因此，在构筑师生合作模式时，教师应该是民主化的教师，即具备民主的教风、民主的思想、民主的作风等，并且能够与学生平等地进行交流与合作。

2. 构筑合作化的情境

根据情境认知理论，知识的学习是围绕知识运用这一情境展开的。知识的学习不仅仅是学生在学习，更重要的是教师在学习。教师的学习与其工作融合在一起，通过不断的学习，他们可以改进自己的教学质量，提升自己的教学素质和能力。学生的学习就是在固有知识的基础上构建新的知识，是基于创造、问题、合作的学习。因此，在构筑师生合作模式时，教师和学生都应该创设真实的语言情境，也只有在这些真实的情境中，才能使教师、学生、教材形成一个对话的格局。

3. 构筑师生合作的共同愿景

在构筑师生合作模式时，共同愿景是所有人员都追求、认可的美好愿望，这是所有人所追求的奋斗目标。师生合作意味着师生之间共同分享、参与、理解。在这里，教师和学生都知道他们正在做什么，知道做的事情与生活的关系等。

（三）同伴观摩模式

顾名思义，同伴观摩模式是指同行业的同事之间互相进行课堂倾听的模式。在该模式下，听课的教师应该保持坦率的态度，加倍关注任课教师的教学行为，而不仅仅是对任课教师进行监督和评价，从而既推动任课教师的发展，也对自己的课堂教学有一定的借鉴。

在进行同伴观摩之前，任课教师与其他观摩教师就该堂课的教学环节、教学问题展开分析和商讨，而后决定采用何种观摩形式，观摩结束之后，教师之间要对观摩的结果进行总结。

一般情况下，同伴观摩模式对大学英语教师的素质提升有着重要作用。

1. 同伴观摩对被观摩者和观摩者都具有重要意义

同伴观摩需要任课教师与观摩教师的共同参与、共同合作。对于观摩者来说，他们观摩的是同伴的教学策略、教学实践、教学效果等方面，从而找出其教学的优缺点，并将好的层面运用到自己的教学实践中。对于被观摩者来说，他们可以通过观摩者给予的建议，对自己的教学活动进行总结，从而不断改进自己的教学过程，获得更好的教学效果。

2. 同伴观摩可以避免评估观摩模式与监督观摩模式带来的不利影响

一般情况下，监督观摩模式带有浓重的监督和评估色彩，且他们对任课教师的评估往往存在较大的主观性与规定性，这极大地影响着任课教师的心情和教学展示效果。相比之下，同伴观摩就不会出现这一情况，因为他们的身份地位比较接近，因此进行观摩是非常容易和合理的，从而能够促进大学英语教师的教学发展。

总之，同伴观摩模式为大学英语教学教师的发展提供了一个平台，推动着英语教师向着更高层次的水平发展。

（四）校本督导模式

校本督导模式是由学校成员参与的自主与合作的指导过程，目的是提升学校教育实践活动。一般情况下，校本督导模式主要涉及如下几个层面。

1. 英语教师个人发展

其强调学校应该关注教师的个人满足感与职业的稳定。同时，学校也不能忽视教师的身体情况、家庭状况、感情状况等。也就是说，英语教师的个人发展涉及职业操守、兴趣爱好、家庭生活、社会活动等方面。

2. 英语教师的专业发展

这是校本督导模式最基础的内容，其强调的是教师教学技能的发展和提高。具体来说，英语教师的专业发展主要涉及教学方法、专业知识、课程与教学、实践能力、教育研究、教学目标等方面。

3. 学校的组织发展

其强调的是教师生活质量的提高、学习组织氛围的改进、学习发展目标的达成。具体来说，学校的组织发展涉及人际关系、人事制度、学校规章制度、学校管理计划、学校组织、学校财政、校园氛围等。

但需要指出的是，英语教师个人发展、英语教师的专业发展、学校的组织发展这三大层面是紧密联系的，三者相互作用、相互重叠。教师专业发展是以英语教师个人发展与学校组织发展作为保障和支撑点的。

校本督导模式有很多种形式：常规督导形式、自我督导形式以及教学督导形式。

（1）常规督导形式

这是一种必不可少的督导形式，其意义与行政监督有着相似的地方。常规督导形式往往是由学校主管部门或者院系领导定期组织听课，观察任课教师的课堂行为与教学活动，从而对任课教师提出意见，给予任课教师一定的帮助。

（2）自我督导形式

这一形式是由教师自己制定专业发展规划，然后独自实施，最后完成自己的专业发展规划，实现自己的专业发展。自我督导可以采取多种形式，如参加相关研讨会与座谈会，组织学生评价自己的教学行为，对研究报告和专业杂志进行分析，通过录像等设备来分析自己的教学活动等。

（3）教学督导形式

这一形式主要是由督导教师对任课教师进行有针对性的帮助活动，从而进一步提升任课教师的专业技能。这一督导形式是面对面的督导，通常采用的方式有诊断性督导、微格教学技术等。其中，诊断性督导形式是最常用的教学督导形式，其帮助的对象往往是新教师或者缺乏教学经验的教师，有助于帮助这些教师解决问题，促进新教师向着成熟教师的方向发展。

三、课程改革模式

除了发展提高模式与合作制模式外，课程改革模式也是重要的，它是基于网络多媒体的大学英语教师的素质提升方式之一。这一模式主要包含教学内容改革模式与教学方法改革模式两项重要内容。下面就对这两大层面逐一进行说明。

（一）教学内容改革模式

一般来说，教学内容改革模式就是要求教师通过自己的教学实践来建构个性化教学体系，从而推动教师的专业发展。这是在建构主义学习理论的指导下产生的，且受认知理论的影响。在网络多媒体环境下，大学英语教学内容必须要帮助学生构建自己个性化的英语语言体系。

对传统英语教学来说，其目的是培养大学生运用语言知识能力来指导自己的实践活动。语言能力包含听、说、读、写、译五项技能。而对这五项技能起支配作用的就是一套完整的语言体系。因此，基于网络多媒体的大学英语教学的内容改革应该致力于全面、科学地将语言体系要素及要素关系揭示出来，帮助学生内化自己的语言知识，并将其转化成自己的语言能力。要做到这一点，教师需要运用先进的教育学理论的最新研究成果，将教学内容与教学对象充分地展示出来，要引导学生对比中西文化差异，并在此基础上指导学生对照教学细目来盘点当前的语言知识和技能，帮助学生设计个性化的指标体系，从而给学生建构新的学习感受。

（二）教学方法改革模式

随着网络多媒体技术的融入，学生对英语学习的要求也越来越深入，越来越精细，单一的教学方法显然已经不适合社会发展的需要。基于此，教师应该从学生的实际需要出发，选择合适的教学方法。在教学方法改革模式下，其主要可以采用以下几种教学法。

1. 体裁分析教学法

在当前网络多媒体的大环境下，应用于不同领域的英语语篇具有特殊性，尤其在语域层面和体裁层面。即便是属于同一学科，语篇的体裁构型也会随交际目的的改变而改变。借助网络多媒体技术，通过对体裁进行分析，学生能够掌握特定体裁类型的语篇中语言的逻辑和篇章结构，从而有助于学生从整体上把握语篇的结构框架。因此，体裁分析是语言分析的最高层次。

2. 互动交际教学法

根据建构主义理论，语言学习是教师和学生互动参与的过程。同时，建构主义还强调学习需要合作才能更好地建构意义。在网络多媒体环境下，大学英语教学应该更注重学生交际能力的培养，而互动交际教学法正好解决了这一问题。

3. 语域分析教学法

同一个词在不同的学科领域有不同的词义。这就是语域层面的差别。这一差别往往会通过词汇、语法、情态、语气等显示出来。因此，教师在大学英语教学中教授语言知识时，应该将其与特定语域相结合，从而分析其在特定语域中的意义，使学生更好地把握其词义、句义等。

4. 任务教学法

任务型教学（task-based language teaching）是 20 世纪 80 年代兴起的一种强调“在做中学”（learning by doing）的语言教学方法，它是指教师通过引导语言学习者在课堂上完成任务来进行的教学，在世界语言教育界引起了人们的广泛注意。在教学活动中，教师围绕特定的交际和语言项目，设计出具体的、可操作的任务，以任务组织教学，学生以参与、体验、互动、交流、合作的学习方式，充分发挥学习者自身的认知能力完成任务，以达到学习和掌握语言的目的。将任务型教学法运用于基于网络和多媒体的英语教学中，以任务贯穿于听、说、读、写、译各个环节，可极大地发挥学生自主学习能力，提高英语教学效果。

在网络多媒体环境下，大学英语教师应该转变教学理念，不断了解和探索教学方法，认识到语言的掌握依赖于在活动中语言的使用，而不是单纯训练语言技能和学习语言知识，只有将各种教学方法有效地运用到教学中，才能真正提高教学效果并促进教师本人的发展。

第五章 基于移动学习的大学英语听说教学模式研究

随着国际交往的日益频繁，国家和社会的发展对大学生的英语能力提出了更高的要求，从客观上要求加强培养学生的英语综合运用能力，特别是要加强听说能力的培养，培养具有自主学习能力的应用型外语人才。

一直以来，我国非英语专业的大学英语课堂教学采用讲授式精读模式，忽视对大学生英语听说能力的培养。在信息技术迅速发展的今天，信息技术下自主学习与英语课程的深层次整合成为当前大学英语教学改革的核心，如何构建符合学科特点和学习规律的英语听说教学模式，培养学生的英语交际能力，已经成为英语教学当前面临的一个重大课题。

移动技术的迅猛发展为大学英语听说教学模式的改革提供了新的契机。移动技术支持学习者利用移动设备随时随地学习，移动技术辅助语言学习在扩展学习时间和空间、丰富学习交互、提高学习效率等方面具有无可比拟的优势。

第一节 移动学习与移动语言学习

一、移动学习系统的构成

近年来，关于移动学习系统的研究逐渐增多，结合国内外进行的相关方面的理论和实践研究可以得出，移动学习系统由三部分构成，即移动学习终端设备、移动学习平台和资源与移动学习内容及活动。

1. 移动学习终端设备

目前，比较流行的移动学习终端设备主要有PDA、手机、智能手机、平板电脑、笔记本电脑、学习机等。学习者利用移动设备可以进行在线或离线的学习。在线学习方式下通过移动通信技术接入网络平台进行学习，离线学习方式下可以将学习内容下载至移动终端进行学习。

2. 移动学习平台和资源

移动学习平台是指通过移动通信技术提供移动学习信息与学习服务支持的软件系统。

它是承载适合移动学习方式的资源，并支持移动学习活动的主要载体。资源建设需要满足即时性、实用性的学习需求，资源建设更多采用的是开放方式，让用户参与和共建资源，学习内容更多被转换成各种移动设备能识别并输出 XML 的文档，根据移动设备的大小和网络宽带大小确定提供的学习资源。

根据移动学习平台开发所基于的协议的不同，常见的移动学习平台形式可以划分为四种：基于 SMS/MMS 的移动学习平台、基于 WAP 的移动教育网站、基于 Wi-Fi 的移动学习系统和基于 Bluetooth/IRDA/USB2.0 移动学习系统。不同的移动学习平台在终端设备、网络接入、学习资源、教学功能和所能支持的学习活动等方面会有所不同。基于 SMS/MMS 的移动学习平台对移动设备的要求较低，用户普及面较大。基于 WAP 的移动教育网站所支持的学习内容和学习活动比 SMS/MMS 移动学习平台要丰富。在基于 Wi-Fi 的移动学习系统中，用户使用具有 Wi-Fi 功能的手机、笔记本、PDA 等移动设备访问教学服务器，进行浏览、查询、交互，类似于普通的网络学习。基于 Bluetooth/IRDA/USB2.0 的移动学习系统主要是指利用蓝牙 / 红外 /USB 进行数据传输的移动学习平台。

3. 移动学习内容和活动

移动学习内容的相关设计主要由教学专家来完成，是移动学习应用于具体学科最核心的部分，它是在已具备所需移动学习设备、网络、平台和资源的基础上，根据所学知识的学科特点、学习对象及学习目的，依据一定的教育学、心理学及美学理论，设计出恰当的学习内容和学习活动。学习内容可以分为理论知识和操作技能两大类，要使学生通过移动设备进行学习，必须考虑学习内容的具体呈现形式。学习活动是为了使学习者实现预定的学习目标，而与其他学习者、教师和移动学习设备间发生的一系列交互行为。学习内容与学习活动的设计是同时进行的，彼此间相互制约、相互影响。

移动学习内容是指为了实现移动学习目标，借助移动学习设备及平台等，学习者系统学习的知识、技能和行为经验的总和。它涉及“学什么”的问题，在进行学习内容的选择和设计时，需要用到教学设计的思想和方法，这部分工作应由教学专家来完成。移动学习内容一般是根据学习主题、学习设备以及学习者的特点，从移动学习资源库中进行相应的选择，如果没有合适的资源就需要进行相应的资源定制。目前，常用到的移动学习内容的表现形式主要有文本、图形、图像、音频、视频及动画。在进行移动学习的内容选择与设计的过程中，必须根据不同的学科类别进行相应的内容设计。

移动学习活动是指学习者与移动学习环境之间进行的、有预定目的的交互活动。对移动学习内容来说，它对应“如何学”的问题，由教学专家在一定的教学设计理论的指导下设计完成。以往的关于一般教学情境下和网络课程中常用的学习活动的分类已有很多。由于移动学习并不局限于远程教学情景，同时具备 E-learning 的诸多特点，一般教学情境下和网络课程中常用的学习活动都可以综合考虑。这些学习活动包括信息提醒、阅读、案例分析、做笔记、练习测验、查看学习效果、资料搜集、现场调查、情景模拟与角色扮演、制作与实践性活动、游戏、讲授、反思、参观访问、报告撰写等。

二、移动学习系统的应用模式

在移动学习的实施中，可以对移动学习系统的这三个部分进行组合，形成不同的应用模式。

1. 第一种模式：移动设备、移动学习平台和资源 + 学习内容和学习活动

学习者利用移动设备在移动学习平台上获取学习资源，并在教师设计的学习活动中进行学习内容的建构。这种模式是结构最全面、学习效果最好的一种模式。

此种模式的典型案例是蝴蝶观察学习（BWL）系统。它是一种支持户外探究性学习的无线的移动 Ad hoc 学习环境，支持学习者在户外真实情境中进行探究性学习。每个学习者都配有一个自带无线网卡和小尺寸 CCD 照相机的无线 PDA，教师使用带有 Wi-Fi 无线局域网卡的笔记本电脑作为本地服务器，所有学习者的无线手持设备与服务器构成了一个移动 Ad hoc 学习环境。BWL 服务器上拥有一个完整的蝴蝶数据库。在进行蝴蝶观察时，每个学习者将随时随地拍摄下的蝴蝶照片通过无线局域网传输到本地服务器上，然后利用基于内容的蝴蝶图片查询技术来检索最匹配的蝴蝶信息，这些信息也会实时传送到学习者的无线手持设备上。若学习者不能从图片检索子系统中获得正确信息，还可以使用日志子系统进行注释，描述观察的结果以及观察蝴蝶的过程和体验，将其上传至服务器。教师可以应用 BWL 系统浏览所有学习者的日志，对学习者进行适当的指导，并对每个学习者的学习效果和成绩进行评分。学习者通过 PDA 查看教师反馈，根据注释反思之前的观察结果，及时进行学习调整和自我矫正。

此种模式的另外一个典型案例是日本德岛大学开发的 BSUL（basic support for ubiquitous learning）环境，这个环境通过在课堂上使用无线 PDA 来提高教学与学习的效率。BSUL 环境是在教室中利用 Wi-Fi 建立三个无线网络接口点和一个中心应用服务器，三个无线网络接口点分别配备网络照相机、演示屏幕和小型放映机。学生使用一个可以上网的 Pocket PC 设备与中心应用服务器连接起来，教师也通过 Pocket PC 或笔记本电脑与中心应用服务器连接，并将课程材料上传到服务器，学生使用 PDA 通过无线连接的方式登

录到服务器访问课程材料。BSUL 环境除了可以对学习内容进行管理，还可以通过软件进行出勤检查、材料分发、作业提交、小组创建和学生反馈等活动。

日本德岛大学率先将开发的 BSUL 环境应用于该校计算机科学专业的硕士生课程“计算机辅助教学”中。该课程在传统教学时，教师大多使用纸质材料来呈现教学内容，学生通过纸质材料完成课堂练习或提交反馈问卷。分发与收集这些材料无疑浪费了课堂上宝贵的时间，学生人数越多这个问题就越突出，不仅分发材料浪费时间，对学生出勤情况进行检查也是费时相对较多的一项工作。而在 BSUL 环境中，教师随时向服务器上传学习内容及相关资料，学生则通过无线设备与服务器连接进而浏览到这些资料。教师在课堂上也可以通过课堂反馈系统面向不同的学生提出个性化的问题，学生通过对这些问题的回答，更积极地参与到课堂活动中。BSUL 环境不仅支持课堂内的学习，还支持学生进行远程学习。例如，学生可以通过网络照相机观看和收听流媒体形式的课程内容，也可以利用移动设备远程下载课程资料，进行和在课堂内学习的学习者一样的由课堂反馈系统创建的测验问题。在进行了一段时间的实验教学后，研究者针对使用课堂反馈系统的效果对学生进行了问卷调查，学习者普遍认为在教学中使用这个是有趣且有效的，有利于进行教学内容的传递，且使师生间的交互更加方便，学生更愿意主动地投入学习过程中。

2. 第二种模式：移动设备、移动学习平台和资源

学习者利用移动设备、现有的学习资源和移动学习平台进行学习。这种模式适合学生的自主学习，适合非正式学习的需求。

3. 第三种模式：移动设备、学习内容和学习活动

学习者利用手持移动设备，在教师设计的学习活动中进行学习。这种模式利用现有的教学资源，主要体现教师对学习内容和学习活动的设计。

此种模式的典型案例是日本德岛大学开发的 LOCH（Language-Learning Outside the Classroom with Handhelds）语言学习辅助系统。该项目的主要目标是将学生在教室里获得的知识和日常生活中的实际需要结合起来，使学生在实际生活环境中更有针对性、更有效地学习语言。教师通过使用系统提供的用户界面为学生布置任务，学生带着任务走遍全城，不断和当地人交流，并把经验和问题带回教室，相互分享个人经历。在走访过程中，学生可以使用 PDA 记录问题，写下注释，拍下照片，向教师发回报告等。教师需要实时监控学生的位置，并能与之交互。师生交互可以采用预设在 PDA 中的短消息或 IP 电话，学生遇到问题也可随时与教师取得联系。教师通过分配任务、提出建议或给定线索来引导学生达到学习目标，完成任务后的学生将被汇集到一间装备了智能黑板的教室中，相互展示和讨论搜集的信息，并向其他小组解释自己的策略，在教师的引导下，确定类似的情境和分享他们的解决方法。

综上所述，移动学习发生在移动学习系统的环境中，但并不是具备完整的系统环境才能实现，这也充分体现了移动学习的灵活性。我们在实际应用中根据实际需要选择适当的移动学习应用模式，无论是正式学习还是非正式学习领域都可以使移动学习实现起来更容易、效果更好。

第二节 移动技术支持的大学英语混合式听说教学模式建构

一、移动技术支持的大学英语混合式听说教学模式的理论基础

（一）语觉论

1. 语觉论的基本内容

语觉论是对语觉进行科学论证，并对语觉和语言教学（特别是外语教学）之间的关系做出深刻论述的一种理论。语觉论的基本内容有这样几个观点。①语觉是人类独有的第六种感知觉，也是人与动物的最本质区别。②语觉论对言语理解（即“听”）和话语生成（即“说”）所涉及的“语音、语法、语义”三种不同的心理加工过程进行深入分析后得出结论：语音心理加工能力（包括“语音感知和语音辨析”能力）靠先天遗传，是与生俱来的；语法心理加工能力（包括“词法分析和句法分析”能力）靠后天习得，要经过较长时间的学习才能掌握；语义心理加工能力（指对语义的分析与识别能力）也是先天遗传，与生俱来的。③在以上论证的基础上，还证明了：听说能力主要靠先天遗传，而读写能力主要靠后天习得，从而将这二者明确区分为本质完全不同的两种言语能力，因此对这两种言语能力的教学方法也有很大的不同。④依据国内外语言学家对儿童、成人在各种不同条件下学习语言的大量案例可画出“儿童的语觉敏感度曲线”。⑤通过批判继承当代几种主要的儿童语言发展理论，在语觉论指导下，提出了一种比较科学的基于语觉的“言语理解与生成模型”。

2. 基于语觉的“言语理解与生成模型”和英语教学

言语理解与生成模型，即“听、说”过程的心理加工模型，模型中包括言语理解与

言语生成两大部分。

（1）言语理解与生成模型中的反馈机制

在语声输入端有两条反馈线，一条来自语义辨识模块（称为“内反馈线”），另一条来自话语生成系统的输出，也就是整个言语信号系统的输出（称为“外反馈线”）。内反馈只和言语理解（即“听”）的心理加工过程有关，外反馈则和言语理解以及话语生成（即“听”与“说”）的整个言语加工过程有关。语言的本质是交际，若从这一最根本的功能特点考虑，那么不论是内反馈还是外反馈，都离不开“交际者”（即参与对话的另一方），一旦失去交际方，不仅外反馈要中断，内反馈也要中断。

在内反馈中，语言初学者在尚未形成言语能力的情况下，由于积累的词汇还很少，更缺乏语法知识，在听到当前的输入语音串并初步完成“语音的感知与辨析”“单词识别”“语块生成”等加工环节后，往往难以对当前输入语音串所形成的语块划分是否符合某种规范的语义关系结构模式做出判定，即无法做出正确的语义辨识。此时，初学者难以通过言语要求对方重述一遍，或要求对方就某个词语做出解释，只能依据现场对话情况，利用交际者的声调、语气、手势或体态等信息做出反应和修正，并最终对当前输入语块划分所确定的语义关系模式做出正确判定，从而完成对当前输入语音串的语义辨识过程。由此可见，对一种语言的初学者来说，其交际者的声调、语气、手势或体态等信息是初学者完成语义辨识过程，即真正达到言语理解所必不可少的条件，而这一切均有赖于内反馈。当语言学习者形成初步言语表达能力以后，由于可以直接通过言语和对方交流、沟通（不一定要依赖手势、体态等信息），这时交际方的言语表达则成为语言学习者熟练掌握该种语言必不可少的条件，而这仍然有赖于内反馈。

在外反馈中，整个言语信号系统对语声输入端的还回传入（即外反馈）是为了实现“自我监控功能”。通过外反馈的自我监控功能，不仅可以对语言学习者所说话语的语音、语法和语义的正确性（是否符合规范、正确的表达方式）做出判断，还可以对其“语境”的正确性做出判断。合乎语法的句子若不适合当前的语言环境（如和上下文不相吻合），也达不到交际的目的，因而是没有用处的。

由此可见，对语言学习来说，外反馈使学习者不仅能学会语音、语法和语义知识，还使学习者有可能掌握语境知识。因此，外反馈是使语言学习者真正获得言语理解与言语生成能力的充分条件。

（2）双向言语互动（言语交际）对语言学习的作用

内反馈由于涉及语音、语法和语义知识的形成与发展，以及与此相关的分析与辨识能力的形成与发展，所以是语言初学者从无到有逐渐形成初步言语理解能力的必要条件，也是语言学习者逐渐由入门到熟练掌握言语理解能力的必要条件；外反馈（它把内反馈包含在内）由于不仅涉及语音、语法和语义的知识以及相关的分析与辨识能力，还涉及语境和发音的知识与能力，所以既是语言学习者形成与掌握言语理解（即“听”）能力的充分必要条件，又是语言学习者形成与掌握话语表达（即“说”）能力的充分必要条件。

要使内外反馈真正成为形成与掌握听、说能力的充分必要条件，必须有一个前提——在儿童语言获得模型输入端的语声输入者应是真实的“交际者”（最好是该种语言的熟练掌握者）。由这样一个真实的“交际者”提供语声输入和由一台录音机或其他数字音视频系统提供语声输入是完全不同的。两者的根本区别在于前者和语言学习者之间可实现实时双向言语互动，而后者只能对语言学习者单向传送语言资料。这就表明，人类要想掌握有声语言，不仅要有听的环境，还要有和语言使用者进行对话的环境。也就是说，只有在既能听又能进行对话（即言语交际）的情况下，才能学会它。

（二）信息技术与课程深层次整合的理论

所谓信息技术与学科课程的整合，就是通过将信息技术有效地融合各学科的教学过程来营造一种新型教学环境，实现一种既能发挥教师主导作用又能充分体现学生主体地位的以“自主、探究、合作”为特征的教与学方式，从而把学生的主动性、积极性、创造性较充分地发挥出来，使传统的以教师为中心的课堂教学结构发生根本性变革，从而使学生的创新精神与实践能力的培养真正落到实处。

由这一定义可以看出，信息技术与课程整合包含三个基本属性：营造（或建构）新型的教学环境、实现新的教与学方式、变革传统的教学结构。这三个属性并非平行并列的关系，而是逐步递进的关系，即新型教学环境的建构是为了支持新的教与学方式，新的教与学方式是为了变革传统教学结构，变革传统教学结构则是为了达到创新精神与实践能力培养的目标（即创新人才培养的目标）。可见，“整合”的实质与落脚点是变革传统的教学结构，即改变“以教师为中心”的教学结构，创建新型的既能发挥教师主导作用又能充分体现学生主体地位的“主导—主体相结合”教学结构。只有从这三个基本属性，特别是从变革传统教学结构这一属性去理解整合的内涵，才能真正把握信息技术与课程整合的实质。

由以上分析可知，信息技术与课程整合不是把信息技术仅作为辅助教或辅助学的工具，而是强调要利用信息技术来营造一种新型的教学环境。该环境应能支持实现情境创设、启发思考、信息获取、资源共享、多重交互、自主探究、协作学习等多方面要求的教学方式与学习方式。

“信息技术与课程整合”实质上是“信息技术与学科教学整合”，而学科教学过程涉及三个阶段，一是与课堂教学环节直接相关的“课内阶段”，另外两个是“课前阶段”与“课后阶段”（“课前”与“课后”这两个阶段也可合称为一个“课外阶段”）。因此从最高层次考虑，信息技术与课程整合课的教学模式只有两种，即按照所涉及的教学阶段来划分的“课内整合教学模式”与“课外教学整合模式”。

（三）混合学习理论

所谓混合学习，就是要把传统学习方式的优势和E-learning（即数字化或网络化学习）的优势结合起来，既要发挥教师引导、启发、监控教学过程的主导作用，又要充分体现学生作为学习过程主体的主动性、积极性与创造性。目前，国际教育技术界的共识是，只有将这两者结合起来，使两者优势互补，才能获得最佳的学习效果。

自20世纪90年代以来，以多媒体和网络通信为标志的信息技术迅速发展，使教育信息化的步伐逐渐加快，对信息化教学起支撑作用的新型学习理论与教学理论正快速兴起，其中典型代表就是建构主义。西方的建构主义者历来强调建构主义的教育思想是“以学生为中心”，但无论是学习环境设计还是自主学习策略设计方面，在建构主义教学设计的每一个环节要真正落到实处都离不开教师的主导作用。事实上，教师要在教学过程中发挥主导作用和学生要在学习过程中体现主体地位并不矛盾，这两者完全可以在建构主义学习环境下统一起来，这正是何克抗教师提出的“主导—主体相结合”教育思想，这种双主思想与国际上的混合主义思想不谋而合。

二、移动技术支持的大学英语混合式听说教学模式模型的设计

英语作为一门实践课，教学活动应是师生间的双边活动，学生是学习的主体，是教学过程的内因，学习的成败归根到底取决于他们。

如前文所述，影响大学生英语听说能力的因素有客观因素和主观因素两方面。为了实现大学英语教学改革的目标——培养大学生的英语综合应用能力，特别是听说能力，有必要对现有的大学英语听说教学模式进行革新，利用信息技术与英语课程的深层次整合为学生提供利于听说能力培养的学习环境和学习方式。

“移动技术支持的大学英语混合式听说教学模式”是建立在课外自主学习与课内互动学习这两者交互作用的基础上的一种混合教学模式。简单地说，这种模式可分为课前预习、课内练习与课后探究三个阶段，实现以下五个维度的混合。

1. 课内正式学习方式与课外非正式学习方式的混合

此模式将口语学习的一些环节延伸到课外进行，弥补口语课堂教学时间有限的缺憾，学生通过课外的非正式学习来了解与口语学习内容有关的外国文化知识，并通过课外的反复听力和口语练习提高准确性和流利性。课外非正式学习成为课内正式学习的有益补充，学生既能做到课前的充分准备，又能在课后进行更高层次的学习。

2. 课内教师讲授式教学与学生自主式学习的混合

课内正式学习阶段，与听力和口语技能有关的语言知识的学习是十分必要的。在课堂教学时间的前段，由教师讲授语言知识，包括词汇、语法、语音、语调等，并结合课前学生接触到的外国文化知识，对本节课的听说学习内容进行详细的讲解。而课堂教学时间的后段，学生通过小组互动的方式进行自主学习，并在互动中锻炼听力和口语技能。根据学习内容的实际需要，教师灵活安排课堂的教学与学习方式。

3. 课堂教学中的教师主导性和学生主体性的混合

课堂教学阶段遵循“主导—主体”教学结构，既要发挥教师主导作用，又要充分体现学生的认知主体作用。无论是前段的语言知识讲授，还是后段的语言技能操练，教师都是指导者和组织者的身份，通过支架式教学策略，逐步引导学生从语言知识的学习过渡到语言技能的习得，并帮助学生掌握学习策略。而学生作为认知主体要充分参与到课堂学习中，摒弃传统教学模式下的被动接受知识状态，在互动中进行有意义的学习。正如前文的社会文化理论所述，“参与”本身就是一种学习，是学生主动建构的过程。

4. 教与学过程中的传统媒体与新媒体的混合

混合式教学模式中的教学媒体具有多样化特征，教师和学生根据实际需要来选择适当的媒体进行学习，如语音室、影音资料、多媒体计算机、计算机网络、手机、笔记本电脑、学习机等媒体类型，实现传统媒体与新媒体的混合。

5. 教学内容上实现英语语言知识与英语听说技能的混合

此模式打破传统课堂重知识、轻技能的弊端，实现语言知识和听说技能并重。充分的语言知识学习是发展听说技能的必要条件，而听说技能的提高又可以促进学生对语言知识的更深理解，在听说中养成用英语思维的习惯和语感，有利于阅读和写作能力的提高。

三、移动技术支持的大学英语混合式听说教学模式的实施步骤

（一）课前预习阶段——教师创设情境，激发学生的学习兴趣

此模式中的课前学习阶段主要以移动学习的方式进行，充分利用移动学习的便捷性，使学生频繁地接触到与课堂学习内容有关的信息，从而进行预习，并为课堂学习阶段的教师因材施教和学生主动学习打下基础。

每次课堂教学都有固定主题的内容，课前教师将与此主题有关的背景知识与文化知识发送给学生，提前为学生创设固定的情境。这一阶段以语音输入材料为主要的学习资源，教师将精心准备的多媒体语音内容以播客的方式推送给学生，学生通过听力理解对内容进行自主学习，并以回答测试题的方式进行反馈。当学生对预习内容有问题或想要进行更深入了解时，可以通过移动设备与教师进行交流或通过无线接入互联网的方式进行学习。此阶段的目的是为接下来的课堂学习打下基础，学生在这一阶段的投入程度和预习效果直接影响他们在课堂学习阶段的学习起点和学习效果。

1. 教师的行为——创设情境

教师在课前预习阶段主要是引导者和决策者的身份，一方面，引导学生接触到适当的学习资源，使学生为课堂学习做好充分的准备；另一方面，通过学生的反馈和与学生进行交流等方式确定他们的最近发展区，为下一阶段的课堂教学进行因材施教提供依据。

2. 学生的行为——感知新知，明确学习任务

学生在教师创设的固定的情境中接触到新的知识和相关的文化背景知识，并有的放矢地进行学习内容的预习和提前练习。

（1）对学习内容进行提前预习

学生在这个阶段要在思想上和语言材料上做好充分准备，使自己更好地投入接下来的课堂学习中。

（2）初步了解语言的文化背景

由于语言与文化的紧密结合，在培养语言运用能力的过程中必须重视文化知识的结合，特别是中外文化的差异，使英语听说教学把文化知识作为必不可少的一部分内容。在混合式听说教学模式中的课前预习阶段，教师可以利用无处不在的移动学习方式让学生提前感受文化知识与语言的结合，从而使学生在理解文化背景的前提下，掌握对语言的运用。在课前阶段进行这项工作，可以节约课内教学的时间，使课内时间更有效地利用。

以英文新闻、原生电影的片段、英文歌曲等形式为主的课前预习内容，都是与文化

紧密相关的，学生可以通过移动与无线通信技术在网络上获得相应的文化背景，之后再进行听力内容的理解往往是准确的、恰当的。当有了文化背景知识的支撑，学生在后续课堂上的学习就会事半功倍。

3. 实现条件

课前预习阶段的时间没有固定要求，每个学生根据自身的情况利用移动设备充分利用一切可以利用的零散时间来进行学习。教师的教和学生的学以及师生之间的互动通过这几种手段进行：短信息和移动设备实现实时和非实时交流；利用便携式移动设备实现多媒体播放；上传和下载语音录音；通过有线或无线连入互联网进行资源浏览。

（二）课内学习阶段——学生通过体验情境来掌握语言知识和技能

教师在课堂教学中要打破传统的单一讲授式教学方式，通过多媒体技术和移动技术与英语听说课程的整合，改变教学内容的呈现方式、教学方式和学习互动方式，借助强大的信息技术认知工具和丰富的学习资源促进学生在真实语境中解决复杂问题能力的发展和整体素质的提升，从而提高英语课堂的实效性。教师在恰当的时机指导学生利用英语学习机、手机和音频播放器等移动设备自学，在需要反馈时，利用手机短信掌握课堂即时教学的效果，及时调整教学，学生也可以在恰当的时候利用手机上网查询资料。在整个课堂教学阶段，教师要采取支架式教学策略，从讲授者逐渐向指导者、监控者等身份过渡，将课堂学习的主体权移交给学生，使学生在情境中体验语言，积极思考，进而有意义地学习。在这个阶段，既有传递—接受式学习方式，又有学生的自主学习，还为学生之间的合作学习提供条件。

1. 教学环节

学习是学生主动建构知识的过程，在这个过程中，学生不是简单被动地接受信息，而是对外部信息进行主动的选择、加工和处理，从而获得知识。学习的过程是自我生成的过程，这种生成是他人无法取代的，是由内向外的生成，而不是由外向内的灌输。因此，教学活动必须建立在学生的认知发展水平和已有的知识经验基础之上。体现学生学习的过程是在教师的引导下自我建构、自我生成的过程。具体有：教师讲授新知；学生通过听力理解来认知新知；教师启动互动活动，学生体验情境，演练技能。

2. 实现条件

具体有：多媒体技术；手持式英语学习机满足自主学习；手机的短信功能实现课堂及时反馈；利用移动设备上网查询资料。

（三）课后扩展——学生演绎情境，提高语言交际能力

学生通过课堂有组织的学习，已经对本单元的语言知识有了一定程度的认知和演练，并结合文化背景对语言知识有了更透彻的理解。教师在课堂教学中还针对学生的听说方面的困难进行了听力策略和口语策略的训练。可以说，在课前预习和课堂学习之后，学生已经基本形成了对单元内容的认知，并在听力的准确性和口语的熟练性方面有了提高。但这不是学习内容的终点，语言学习的目的是在语言情景中的运用，因此教师应在课后设计任务情境，布置需要合作完成的交际任务，使学生在生活中运用语言，在合作中进行探究，在演绎情境中逐步提高语言交际能力。

1. 学生的协作学习

课后的扩展任务属于高层次的思维活动，需要学生之间的协作学习来完成。同时，听说能力的切实提高需要在真实的语言交际中得以体现。学生通过完成教师布置的学习任务，将课堂所学知识在真实的情境中演练，能更清晰地体现出自身的语言交际能力水平。在协作学习中的讨论和协商都用英语来完成，为了圆满完成任务，每个学生都要克服一切困难来实现无障碍交流。

2. 教师的监督指导

由于课后扩展阶段的任务难度较高，为了避免学生出现挫折感或应付了事的情况，教师依然要利用课前预习阶段的一些方法和手段来督促学生投入学习中。不仅如此，教师要跟踪学生在协作学习过程中的参与度，与表现异常的学生单独交流，掌握情况后有的放矢地进行个别化指导，这也为接下来的教学提供借鉴。

第三节 移动技术支持的大学英语混合式听说教学模式中的形成性评价

一、形成性评价的定义

广义上的形成性评价包括教师和学生进行的所有能够搜集学习信息的活动，这些搜集到的信息可以诊断性地用以调节教与学。依据此定义，评价就包括了教师（对学生学习的）观察、课堂讨论活动、学生学业分析（包括家庭作业和考试）等。如果从这种评价中所获得的信息被用来调节教与学，以满足学生的需要，则评价就变成了形成性评价，

它与终结性评价相对立。我国学者对形成性评价概念的理解有着不同的看法。王道俊等认为，形成性评价是在教学进程中对学生的知识掌握和能力发展的及时测试，它包括在一节课或一个课题教学大纲中对学生的口头提问和书面测试，这样能使教师和学生及时获得反馈信息，其目的是更好地改进教学进程，提高质量。施良方认为形成性评价又称为过程评价，是在教学过程中进行的评价，是为了引导教学过程正确、完善地前进而对学生学习结果和教师教学效率采取的评价，其主要目的不是选拔少数优秀的学生，而是发现每个学生的潜质，强化改进学生的学习，并为教师提供反馈。

传统的终结性评价一般是在教学活动完成后，测量学生成绩，对学生的学习结果进行评价，它是用来对学生的学习做出结论和判断，或者用于证明和选拔形成性评价不以区分评价对象的优良程度为目的，不注重对他们的分等鉴定。就形成性评价和终结性评价的功能而言，显著区别之一就是终结性评价侧重对知识和技能的检查，而形成性评价侧重运用知识和技能的过程。

二、在大学英语听说教学中实施形成性评价的意义

英语课程的评价应根据课程标准的目标和要求，实施对教学全过程和结果的有效监控。在大学英语听说教学中，应通过有效评价来激发学生的学习热情，使其在英语口语学习过程中不断体验进步与成功，建立自信，调整学习策略，提高综合运用语言的能力。同时，评价应使教师获得教学的反馈信息，对自己的教学行为进行反思和调整，不断提高教育和教学水平。评价还应使学校及时了解课程标准的执行情况，改进教学管理，促进英语课程的不断完善和发展。

1. 能不断激励学生学习

自我效能感是英语口语学习中非常宝贵的情感体验，它能极大地激起学生的学习兴趣和热情。如果学生在学习过程中不断得到正面评价，那么其内在价值就得到了外界的承认，因而获得英语学习上的成功感，而这种成功感所引起的满足和兴奋可以产生继续得到满足的需要，再次成功的体验又可推动第二次成功，多次成功会使学生增强自信心，逐步体会到使用英语沟通的乐趣，进而激起学生学习英语的内在动力，增强他们的学习效率，从而为英语教学的成功奠定基础。

2. 可帮助学生反思和调控学习过程，学会如何学习

形成性评价可帮助学生反思和调控学习过程，针对学生的实际情况，教师设计有效的评价方案，让学生在参与评价的过程中，通过教师对评价标准的选择和解释，对自己

的学习态度、方法与效果进行反思和评价，学会分析自己的成绩与不足，明确学习的方向，从而进一步端正学习态度，调整学习过程，积极探索适合自己的学习方法和学习策略，提高英语的综合运用能力，争取最佳学习效果。学生有了这种自主学习的精神，不仅有利于掌握知识，还有助于发展语言运用能力，为英语教学的成功提供保证。

3. 为教师提供教学反馈信息，以便于教师反思和调整教学行为

教师通过对学生在活动中的表情、态度的观察，利用提问法或操练、游戏、复述、表演、竞赛等活动记录法对学生做出及时评价，实现教学活动中的及时反馈，考察每节课的教学目标是否实现，语言知识上的难点是否突破，学生运用语言知识的能力是否提高，教学程序的安排是否合理，教学媒体的选择和运用是否适当，教学的速度和发展方向是否适合学生的兴趣和能力等，从而不断修正教学过程和内容，改进教学方法。而课前和课后辅导学生的记录，单元测试的评价与分析更是教师与学生之间相互的信息反馈。通过评价能进一步帮助教师了解教学的成果和学生学习的进展情况，分析存在的问题，判断学生学习上的难点，找到教学成败的原因，以便于教师及时修正、调整教学计划或对教学内容进行必要的补充指导。教师自觉、主动地运用形成性评价对教学进行反思和调控，不仅能使今后的教学目标与方向更加明确，也提高了自己的教育教学水平，促进了英语教学目标的实现。

第六章 慕课与大学英语教学

第一节 慕课的起源

一、慕课的概念

慕课全称大规模开放在线课程（massive open online course，MOOC），是近年来开放教育领域出现的众多全新课程模式中的一种。massive 一词翻译为“大规模”，“大规模”的意思就是指对同时参与其中的学习者的数量不做限制，一门课程的学习者可以成百上千；open 的意思是“开放”，指的是任何感兴趣的人都能参与进来，还是免费的。online 的意思是“在线”，是指慕课课程开放的载体，也就是互联网。正是由于它处于网络环境中，才能实现前面“大规模”“开放”这些特点。同样地，对这种“在线”，有的人仍有疑惑：只要是在网络上的课程资源就算是慕课吗？还是得在学习过程中有学习者与教师交流的才算是慕课呢？这个疑惑指向的正是慕课与传统网络课程资源的最大不同——慕课有师生实时交互和学习者相互评价的过程，并且除此之外，一些地区还在慕课的基础上建立了本地群组，使线下的交流讨论变得更加方便。

构成“MOOC”这个名称的最后一个单词是“course”，其含义是课程，包含从课程设计开始到教学过程结束的动态整体，包含课程和教学的设计理念、课程内容的选择与制作、教学进程的管理和互动、最终的学分与评价等很多方面。

慕课具有重要的应用价值。在学习平台上，学习者可以根据自己的个人想法，量身选择优质的教育资源，完成在线学习、互动、交流、考核、测试，并且获得认证的全过程，进而实现自我的全面发展。许多国家及国际组织都成立了专门研究机构对慕课进行本土化的研究和实践。由于经济、文化、教育环境的不一样，人们对慕课的认识还存在着诸多差异，不同的理论流派也开始对慕课的应用进行了不同划分，以下列举的是比较有代表性的几种划分。

关联主义学习理论是互联网时代具有深远影响的学习理论之一。慕课的理论基础是关联主义学习理论，也是关联主义学习理论的教学试验场。培养信息社会和知识经济时代所需要的数字技能是慕课最为重要的出发点。除了拥有大规模、开放、在线、免费等基本特点以外，关联主义慕课还具有基于交流问题的互动式学习、非结构化的课程内容、注重学习通道的建立、学习者高度自主力的建立、学习具有自发性等特征。

二、慕课产生的背景

进入 21 世纪后，信息技术的快速发展不仅给人类的生活方式带来了巨大改变，而且对全球教育也产生了深远影响。而慕课这一教学形式与信息技术的紧密结合，已经成为全球教育发展所关注的重点，慕课的兴起是时代发展对教育提出的一个新要求，并非偶然产生的。

1. 大数据时代的产物

信息技术的发展及互联网的普及，使人们的工作、学习、生活逐渐网络化。就在线教学方面而言，信息技术的发展及互联网的大规模普及使学习者突破地域限制来获取更多的教育资源，也为他们之间的讨论与交流提供了便利。技术进步使课程制作的成本降低，让在线授课这种教育方式变得更容易，也更便宜，也使以前不切实际的设想变成现实。例如，人们可以通过智能手机、平板电脑随时随地进行在线学习，学习时间和进度也变得越来越灵活、越来越自由，同时极大降低了在线教育的门槛。

2. 传统教育的弊端

传统教育把学生“禁锢”在教室中，以接受式的教学方法将学习内容灌输给学生，不重视培养学生独立分析知识和理解的能力，使学生的潜能不能得到及时有效开发。教育家杜威在“儿童中心论”中曾指出，最好的教育方式就是始终将知识贯穿在教学过程中，培养学生学习的主动性和能动性，使之在经验中学习。在知识经济时代，教育不能仅仅是培养学生去适应现成的工作过程和技术现状，而应该培养出具有独立性、灵活性、创新性的技能型人才，传统教育模式所培养出来的学生只是懂得掌握教育知识的成果，却不懂得如何利用已有的成果进行再创造，这显然不能满足数据化时代的要求。而在在线教育的模式下，学习者根据个人的需求在网络上自主选择课程和调节进度，并且对时间和地点的选择也变得更加灵活，这种设计不仅能培养学生独立的学习能力，还能提高学生的学习效果。

3. 高等教育阶段就读成本高

就我国目前的情况而言，虽然在基础教育阶段有九年制义务教育政策，但高等教育阶段的学费随着大学扩招一直是处于增长趋势的，因此有很多人认为高等教育所提供的价值与学习者交纳的学费并不成正比，对高等教育阶段的教学效果提出了疑问。高额的就读成本与家庭低收入之间的矛盾越来越明显，而慕课提供的低成本的高质量教育资源就可以有效缓解这个矛盾，可以满足广大人民群众的需求。

4. 优质教育资源分布不均

从全球的教育来看，优质的教育资源大多集中在欧美等一些发达国家，美国众多的大学不仅享有世界级声誉，而且拥有大量的优秀研究者和精英生源。其中一个很重要的原因就是这些大学有独特的优质教育资源。从国内的情况来看，我国优质的教育资源大多集中在“985”“211”这些高等院校，而这类院校又大多分布在东部发达地区。随着社会发展和教育观念的改变，大众对优质教育资源的需求越来越大。与国外相比，我国优质高等教育资源稀缺并且分布不均匀，使越来越多的学生选择出国留学，这对我国的人才队伍建设来说是一种损失。

第二节 慕课的特征与时代意义

一、慕课的特征

随着慕课的日渐成熟与社会影响的逐步增大，它的特征也表现得日益明显。

1. 大规模

“大规模”意味着对学习者数量不做限制，与传统课程只有几十个或几百个学习者不同，一门慕课课程动辄有上万人参加。肯·马斯特斯对慕课概念的解释如下：大规模主要是指大量的学习者，也可以指大规模的课程活动范围。那么，多大规模才是“大规模”呢？现实表明，慕课的学习者远超常规，可轻易达到几千人。而在未来，随着该模式的普及及其影响力的不断扩大，参与者还会更多，因此慕课是一种巨型课程。

2. 开放性

开放性是指慕课的学习者可能来自全球各地，信息来源、评价过程、学习者使用的学习环境都是开放的。在美国，慕课是以兴趣为导向的，只需注册一个账号，就可参与学习。为此，人们强调，只有当课程开放时，它才可以称为“慕课”；只有这些课程是大型的或者大规模的，才是典型的“慕课”。因而，“慕课”学习是一种将分布于世界各地的授课者和学习者通过某一个共同的话题或主题自愿联系起来的方法。

3. 非结构性

从内容上看，慕课大多数的时候提供的只是碎片化的知识点，是一组可扩充的、形式多种多样的内容集合，这些内容由一些相关特定领域专家、教育家、学科教师提供，从而汇集成一个中央知识库。这些内容集合的独特之处在于能被“再度组合”——所有的学习资料未必堆砌在一起，而是通过“慕课”彼此关联。

在西方，慕课并没有一个组织者进行课程的顶层设计。起先，它只是一些热心教育的人士，或者一些领域的专家为传播该领域的知识而提供的“志愿者”服务。当然，以后有一些大学出于授予学位或学习证书的需要，试图对慕课设立课程标准，以便为其课程与学位提供质量保障。

在我国基础教育领域，微视频已经不仅仅是提供课后辅导的角色，其正在试图借助慕课实现课堂的翻转。由于中小学的课程主要是以教学目标或课程标准为基础的，因而在提供碎片化知识的同时，让教师与孩子共同理解知识点之间的内在逻辑乃至一门学科的知识，也被作为重要的问题提了出来，这就决定了在中西方之间慕课建设会有相当的不同。我们把中国未来的中小学慕课学习称为“基于系统设计的碎片化学习”，它在结构形态上与西方有一定的区别。

4. 自主性

在关联主义的慕课推崇者看来，慕课有以下几点优势：其一，“自主性”意味着慕课没有明确的学习预期，学习者可以自设学习目标；其二，虽然有特定的学习主题供参考，但在什么时间、地点学习，阅读多少资料，投入多少精力，进行何种形式和程度的交互等都由学习者自己决定；其三，没有正式的课程考核。当然，须获取学分的在校学生除外。因此，关联主义的慕课几乎完全依赖学习者的自我调控。

然而，在大多数学者尤其是关注中小学慕课建设的学者看来，慕课的自主性主要意味着学生对自己的学习承担责任。根据教师提供的教学内容，学生可以自定学习的方式、步骤、时间，自主地讨论与研究，主动且积极地进行学习。

二、慕课的教学方法

1. 分布式学习与开放教学

慕课的教与学是基于互联网的教与学，因此慕课教学法离不开互联网思维的影响，Web 2.0、分众、众筹、分布式学习、开放内容与开放教学等都可以归结为慕课教学的策略与特色。

其实，回顾慕课的历史，慕课的分布式学习与开放教学思想是贯穿始终的。回顾早期的慕课，学习当前主流慕课平台上的这些课程，不难发现，慕课教学实践中的这些开放内容、开放教学、分布式学习的鲜明的 Web2.0 思想，并由此逐渐形成慕课不同于以往大学课程乃至以往在线课程与网络课程的教学法特色。

2. 带有测验题的、短小精悍的视频

视频作为教学材料，在远程教育与开放教育实践中的应用由来已久。然而，以往的视频课件由于缺乏互动，加之时间普遍过长，不符合互联网时代人们的认知规律和“注意力模式”。为此，短小精悍的在线教学视频开始受到人们的普遍欢迎，这也是微课盛行的原因。

其实，在现有的慕课平台和课程实践中，人们看到的课程视频，除了具有短小精悍的特点之外，还有一个非常突出的特色，即在课程视频中嵌入测试题。这些测试题既是对学习者在线学习效果的检查，又可以使课程视频的互动性更加突出。

在慕课中的课程视频方面，值得一提的是，几乎所有的慕课都提供了短小精悍的视频课程简介，使学习者在选择课程之前，对课程的目标、内容、形式以及学习成果有一个清晰、明确的认识，而这些短小精悍的课程简介视频又是对这门慕课的一种宣传和营销。

其实，在传统大学里，绝大多数课程简介往往是通过高年级学生向低年级学生的口耳相传进行传播，而这种口耳相传难免会带有高年级学生自己的理解和认识，因此未必是全面的、准确的和正确的。在大学里，如果将慕课中的这些课程简介视频引入现实的大学课程与教学之中，对推进高等教育的混合学习会有很大的帮助。

3. 慕课学习是一种自觉、主动的学习

慕课学习是以学习者自己习惯和喜欢的方式学习，是按照学习者自己的步调和节奏来展开的学习，是完全基于个人兴趣的、根据自己设定的目标进行的学习，因此慕课学习是完全自觉、自主、自愿、自控的学习。

慕课遭受质疑比较多的地方是，学生不自主学习怎么办。的确，学习的自觉性和主动性是任何学习的基础与前提，在线学习的特点之一就在于自觉性、自主性和自控性。

一门慕课与一门传统课程最大的区别就是，一门慕课的学习是完全自愿的，你决定自己是否要参加，决定自己要以什么方式参加，觉得对自己有意义，然后你就可以参加。但是如果你觉得无聊，不想参加，那就可以不参加。

因此，慕课学习是一种自觉、主动与自组织学习，这也是慕课教学法的特色之一。

4. 同伴评分与评估

慕课作为大规模开放的在线课程，学习者人数众多，多则几万人，甚至几十万人。

如果依照以往传统学校的作业批改和评估方法，即使授课教师放下所有的工作，每日专门负责作业的批改，要批改完所有学习者的作业，少说也得几年。

为此，同伴互评与评估是目前几乎所有的慕课平台和课程在进行学习者学业评估与评分所采用的最常见的方法。这既是慕课平台与教师团队的无奈之举，也是慕课教学组织的一项创造和创新之举。而这种同伴互评或称为同伴评分与评估，在本质上是一种“同伴互助学习”。“同伴互助学习”是一种新型的合作学习模式，它是学习者在教师的安排指导下，被分配成互助小组，共同完成教师布置的任务。在非正式学习情境中，它是指学习者自发形成互助学习小组，可以看作学习者之间相互请教问题、开展与学习相关的情感交流、进行头脑风暴、彼此启迪智慧的小组。

慕课平台管理者或课程组织者往往对学习者之间的同伴评分与评估有一些明确的、具体的和基本的规定。

由于一门慕课可以吸引大批学习者，其中不乏一些很有经验和高素质的学习者，这些学习者可以帮助和指导那些缺乏经验的学习者。在某些情况下，学习者之间展开的同伴互评完全可以用来协助授课教师的课程教学，并使作业的批改者和被批改者都能从这种同伴互助中受益。当然，对这种慕课的同伴评分与评估方式，不同的人也有不同的理解和看法。一些学者认为，当慕课迎来了如此多的学生时，这种“退而求其次”的同伴互评方法似乎是不得不做出的举动。不同的文化会从不同角度看待评价、评价的需要以及给出评价的人。在慕课中，同伴互评不可避免地涉及不同文化中的人们如何对同伴进行文化假设的问题，而且与阅历丰富的教授相比，年轻的学生在文化上反而更趋保守。

5. 实践技群中知识的建构

无论参与慕课的人数多少，每一门面向全球学习者的慕课都形成了一个全球性的、专门性的实践社群。

来自世界各地的学习者自发地走到一起，完全自觉自愿地聚集在一个慕课平台上，为了共同的主题、兴趣、事业，在课程论坛中建立学习者之间的互信，围绕课程内容和专题，开展基于网络的协作学习与合作学习，通过对话、沟通与交流，共享彼此的隐性知识，建立共同的实践，将在线习得的隐性知识转变成每一个学习者的显性知识，运用于各自的学习、生活、工作与日常实践之中。在这样一个全球性的在线实践社群中，聚集着如此多的具有共同兴趣的人，形成了一个庞大的在线实践社群，来自世界各地的学习者在这里构建自己的知识。

慕课的典型形象是以短小精悍的讲座视频和多项选择题为中心的。但是，人文科学、艺术、自然科学类慕课开始侧重社群建构和社会性交互。对教师来说，在这样一门课程中，教师的目标就是建立一个学习社区。对学习者而言，慕课学习的重要组成部分就是在实践社群中的互动与交流。因此，实践社群中知识的建构是慕课教学法中的一个重要组成部分。

6. 连通主义学习

连通主义学习理论是由加拿大学者乔治·西蒙斯教授首次提出的。它是一种经由混沌、网络、复杂性与自我组织等理论探索的原理的整体。该理论认为，学习不再是一个人的活动，而是连接专门节点和信息源的过程。学习是一个过程，这种过程发生在模糊不清的环境中，学习（被定义为动态的知识）可存在于我们自身之外（在一种组织或数据库的范围内）。我们可将学习集中在将专业知识系列的连接方面，这种连接能够使我们学到比现有的知识体系更多、更重要的内容。

连通主义将学习看作网络形成过程，它关注形成过程和创建有意义的网络，其中也包括技术中介的学习，承认当人们与别人对话的过程中有学习发生是事实。连通主义强烈地关注外部知识源的连接，而不仅仅是设法去解释知识如何在人们的头脑中形成的。因此，从这个意义上说，连通主义表达了一种“关系中学”和“分布式认知”的观念。

慕课的学习也是一种连通主义的学习。慕课学习者的动机和目的是多种多样的，这导致了不同学习者在同一门慕课的学习过程中学习路径的多样性，也导致了不同学习者在慕课学习过程中关系模式与参与模式的多样性。不同的学习路径反映了不同的参与方式和参与程度，因此慕课教学实践中的学习可以说是个性化的。因为不同的学习者，其交往方式不同，学习路径不同，关系模式也不同。但无论如何，它是一种“关系中学”和“分布式认知”，是连通主义的学习。

人是社会性动物，结伴学习、寻求监督与获得证书本身，对学习者来说，可能就是一种监督和激励，这是连通主义学习的特色。果壳网 MOOC 学院是中文互联网上最大的慕课点评讨论社区，也是全球最大的华人慕课学习者聚居地，在这里聚集着数以万计的慕课学习者，大家在这里点评慕课，共享课程与学习资源，彼此结伴学习，寻求监督，以求共同获得证书。

7. 从慕课到小规模限制性在线课程：混合学习

慕课的快速发展，对世界范围内的高等教育产生了并正在产生重要而深远的影响。一方面，越来越多的大学和机构面向全世界的学习者提供自己的课程；另一方面，越来越多的大学和学院开始思考如何将这些世界顶级大学最棒的教授开设的课程用于自己的课堂教学实践之中。一些大学正在尝试一种相对于慕课而言更加精致的课程类型——“小规模限制性在线课程”。这种小规模限制性在线课程创造了一种混合教学环境，既融合了大规模开放在线课程的优点，又弥补了传统大学课堂教学的不足。

将慕课整合进大学课堂教学之中，并借此提升教师队伍的整体素质，加快课程建设，深化课堂教学质量，这是全球范围内慕课发展的一个重要趋势和方向。

8. 精熟学习

精熟学习是一种提供成功学习的“教”和“学”的方法。通过小步骤的教学、足够的练习机会、充裕的学习时间及补救教学，让学生精熟每一个学习步骤。布鲁姆认为，学生学习成就上的差异，是因为我们对每一个学生提供了相同的教学方式及相同的学习时间，并且没有提供个别的补救教学，致使学生的学习成就差异随着年龄增长而越来越大。因此，精熟学习是一种个性化的学习。

在基于精熟学习理论的教学实践中，教师通常必须把课程分为一些小单元，每个单元包含一些精熟的特定目标，教师会告知学生每个单元的目标及标准是什么。如果学生没有达到最低精熟程度，或者虽然达到了，但是想得到进一步提升，也可以重复学习这个单元。当他们准备好时，可以做这个单元的复本测验。精熟学习的三个步骤是：选定教学目标，进行全班教学，然后施以测验。

作为一种远程教育与开放教育形式，慕课的教学组织形式往往包括学习者每周的阅读材料、镶嵌了测试题视频的学习以及教师建议的其他学习活动。在许多慕课中，每周都有 2~3 场由特邀嘉宾进行的同步在线演讲，也都会有实时在线研讨活动。这些带有明确目标的小步骤的学习进程设计，其实就是精熟学习理论的实际应用。

9. 技术支持的在线学习

慕课作为一种大规模的、开放的在线课程，与以往的网络课程和在线课程一样，也是一种技术支持的学习。在慕课学习之中，人们不难发现，学习者的技术素养和信息素养、学习的自觉性和自控性、学习欲望和成就动机都是必需的，也是前提性的。其中，学习者的技术素养和信息素养是慕课教学成败的一个重要因素。

慕课不仅建立在开放学习与分布式认知的基础之上，更依赖于连通主义学习理论及其架构。因为，只有借助连通主义学习理论及其架构，学习者的高品质交互和大规模参与才能成为可能，而这些都离不开技术支持的在线学习。因此，技术支持的在线学习是慕课教学法的核心方法之一。

10. 非正式学习与终身学习

相对正规学校教育或继续教育而言，非正式学习是指在工作、生活、社交等非正式学习时间和地点接受新知识的学习形式，主要是指做中学、玩中学、游中学，如沙龙、读书、聚会、打球等。对离开校园走上工作岗位的成年人来说，学习主要是非正规学习和非正式学习。非正式学习无论是对组织还是个人来说都是至关重要的。

慕课的出现，为人们提供了一个经由互联网向世界顶级大学的顶级教授学习最好的课程的机会，这是一种非正式学习的机会，也是终身学习的机会。

与传统课程相比，慕课是一种完全由学习者自己的兴趣所激励的学习行为。慕课的存在与发展必将模糊正式学习和非正式学习之间的界限，并逐渐演变为人们进行终身学习的一个重要形式和渠道。

对慕课的看法，人们的立场是赞誉与质疑参半。赞誉的人认为，慕课为更多的人提供了接受优质教育的机会，任何人都可以免费享用世界上一流的教学课程，而质疑和批评的人认为，慕课教学的课程设计差、课程完成率低而辍学率高等。

从这些赞誉与质疑之中，人们不难发现，所有这些对慕课的赞誉和质疑都是基于对传统课堂教育和传统课堂学习环境的理解，是基于对教育的传统假设，其中不乏诸多误解。作为一种新生事物，慕课的发展尚处于初级阶段，其对高等教育的影响仍有待人们进一步观察、研究和创造，而对慕课教学法的研究才刚刚开始。

三、慕课的时代意义

1. 优质教育资源的全民共享

班级授课制使“一个教师可以同时教几百个学生”成为可能。今天借助数字化技术的支持，特别是慕课，让一个教师同时或不同时教数以万计、数以百万计，乃至数以千万计的学生成为可能。慕课最不寻常之处在于它以“将世界上最优质的教育资源传播到地球最偏远的角落”为理想，试图让全球所有的学生都能获得全球顶尖明星教师的免费课程。为此，有人甚至夸张地说，慕课使全球一门学科只需一位教师。

学者们把小农经济时代的混杂教学转向工业化时代的班级授课，这称为教育制度的第一次革命，把工业化时代的班级授课向数字化时代慕课的转变称为教育制度的第二场革命。审视今日，慕课带来的是超时空的变革。不仅在全球各个角落都能学到优质的教育资源，而且是移动的，可以走到哪儿学到哪儿，甚至可以反复学。这就是一个巨大的变革，是继班级授课制以后最大的一次革命，它使教育超越了时空的界限，使优质教育资源全球共享、全民共享。

2. 助推教育公平

迄今为止，美国开设的绝大多数慕课是免费的，这样可以使更多的人接受高等教育，而且开设慕课的大多是美国乃至世界著名高校，有的是企业与名校进行合作开设的，这就保证了慕课的教育质量。因此，慕课的兴起使更多的人接受优质高等教育。传统高等教育的做法是从学生中收取大量的钱，而慕课对成千上万的学生不收取费用或只收取最低的费用，斯坦福大学计算机学家达夫妮·科勒称它为“高等教育的真正民主”。

教育公平，最困难的在于教师资源的公平。实践表明，优秀教师在小范围内流动尚且十分困难，若要在全国流动更是须付出十分高昂的代价，几乎是不可能完成的任务。

3. 推进学习型社会

在知识和信息更新速度越来越快的今天，知识甚至一些技术的保质期也都在缩短。传统的“幼儿园—中小学—大学—职业”的“线性教育模式”已经不能与经济和社会的发展相适应，需要转换为一个更加灵活的模式。慕课就是这样一种模式，它使人在需要时，非常容易地学习任何新主题，在人们的整个职业生涯中使知识和技能保持在最新的状态。

有人质疑，即使在顶尖大学注册的学生，最终修习课程的通过率也只有 3%~4%。因此，他们追问：“慕课有用吗？”如果仅从通过率来看，慕课似乎是失败的。但是，学习的目的就在于获得一份课程证书吗？如果人们都能把零星的时间花费在前沿、高深知识的学习上，追求自身素质与能力的提升，这难道不是人们最想追求的“学习型社会”吗？

学习型社会是尽可能地满足人们的学习愿望，并尽可能地为想学习的人提供机会的社会，它不以多少人获得证书为标准。学习型社会不等于学历社会，慕课推进学习型社会而不是学历社会。

第三节 慕课与大学英语 ESP 教学

一、基于慕课的大学英语 ESP 教学

（一）以内容为依托的大学英语 ESP 教学及我国 ESP 教学面临的困境

大学英语是大学里规模较大、大学生较重视的基础课程，但也是最令大学生失望的课程。经济全球化刺激了社会发展需求，高等教育信息化、国际化带来了各学科发展的新需求，同时，学生要求学习与自己专业相关的英语的需求也在不断增强。

大学英语 ESP 教学正是帮助学生从基础英语过渡到双语课程的桥梁，这里的 ESP 是针对不同学科的共性，关注的是英语交流和英语学习技能，是“跨学科的语言共性的东西”，是通用学术英语。因此，ESP 应被看成一种语言教学的方法，它强调的是学术技能及学科中的语言交流能力，而不是学科知识。内容依托式教学（content-based instruction，CBI）产生于 20 世纪 60 年代的加拿大蒙特利尔开展的“沉浸式”教学实验中。它指的是围绕学生即将学习的学科内容或信息组织教学。以内容为依托的大学英语 ESP 教学，即指将语言教学建立在基于某个学科或某种主题内容的教学之上，把语言学习与学科知识

学习结合起来，在提高学生学科知识和认知能力的同时，促进其语言水平的提高。

但是，目前我国的ESP教学却陷入了困境，限制大学英语采用依托式ESP教学的一个重要问题是教师知识结构问题。虽然越来越多的大学英语教师开始拥有专业硕士学位，甚至博士学位，但是教师们的知识结构单一，没有ESP研究的背景，因此很难独立开展适合社会需求和学生需要的ESP教学，无法满足复合型人才的培养需要。

（二）慕课使我国大学英语ESP教学面临挑战与机遇

当前，英语已越来越多地作为传播学术知识的主要语言，这改革了无数大学生的学习经历，因为他们现在必须熟练掌握英语学术话语环境的常规做法，以便了解他们所学的专业学科并自如地在其中遨游。纵观Coursera、edX和Udacity平台上已经开设和即将开设的大多数世界著名高校的慕课课程，对中国学生来说，虽然慕课提供了来自多个学科领域的、丰富的、开放的在线教育资源，但是并不是人人都可以享受慕课带来的便捷，因为全英课程对他们的挑战不容忽视。在未来慕课模式下，中国学生要想享用世界名师的慕课必然面临着需要听懂全英课程讲座，完成测试，并用英语在平台上与老师或其他学生交流的任务，这都要运用到基本的学术英语语言技能。学生需具备用英语快速有效阅读学术文献、归纳笔记要点、参加研讨小组并清楚表达自己观点等技能。而目前国内对此类课程又普遍没有提供与课程内容相对应的字幕内容，受制于授课期限，在短期内很难完成课程翻译及后期制作，这对慕课学习过程中遇到语言障碍的学习者而言，无异于关闭了开放式在线网络课程的大门。

慕课使我国的大学英语ESP教学面临前所未有的挑战，然而慕课发展同样为ESP教学改革与发展创造了新机遇。首先，针对教师没有ESP研究的背景，很难独立开展适合社会需求和学生需要的ESP教学这一现状，教师可以合理利用慕课资源、结合所教授的学生专业，加强自身ESP教学能力，实现教师专业发展。慕课课程通常都是国外各个领域优秀教师授课，所以完全可以作为大学英语教师进行较为基础的专业培训的重要资源和方式，教师也会尽快转变角色，将ESP教学应用到大学英语课堂教学之中，并帮助学生适应慕课在线全英课程。其次，教师可以依托慕课，培养学生自主学习意识。建构主义学习理论认为：语言学习强调的是学生的主动学习，而不是教师的强制灌输。教学过程中，学生是认知的主体，是意义的构建者，教师是教学过程的组织者、指导者，意义建构的帮助者、促进者。在长期的应试教育之下，我国大部分学生的学习在很大程度上依赖于教师与课堂，方法手段比较单一，借助新媒体时代信息技术的发展，依托互联网及丰富的教学活动增进学生的自主、互动和个性化的学习变得尤为重要。

二、慕课背景下依托式大学英语 ESP 教学模式的特点

慕课的出现呼唤大学英语 ESP 教学加强学术英语技能训练，而大学英语也应顺应时代需求，利用慕课的优势推进 ESP 教学的开展，满足学生未来的专业发展需求。慕课的发展给高等教育带来了巨大变化，一些大学教师已经开始通过线上线下混合式教学，实现了慕课与传统课堂在教学内容上的混合，并收获了良好的教学效果。那么，大学英语教师应如何实现慕课与传统的大学英语课堂的有效结合呢？本研究欲建构借助网络“慕课”的发展以及其他形式的网络资源进行依托式大学英语 ESP 教学，即“MQOC 课程（包括其他形式的以英语为教学语言的专业在线课程）+CBI+ESP”，以下简称 MCE 模式外语教学。MCE 教学模式下，英语教学既不是完全意义上的语言驱动，也不是完全意义上的内容驱动，是介于两者之间的 CBI 理念下的教学。

此模式具备依托式 ESP 教学特点的同时，更有其自身的教学特色。

第一，MCE 教学模式具备依托式 ESP 教学的特点，即以学科知识中的共性内容为核心、选取真实的语言材料、适应学生群体的需求。学科内容成为学习语言的源泉，语言能力的获得则是理解这些学科信息及内容的“副产品”。学科知识通常能挑战学生的认知能力，更能引起学生的兴趣；真实的语言教学材料可以为有效习得语言提供有意义的语境。总之，依托式 ESP 教学关注学生的认知、语言和情感等多方面的需求，关注其学术发展和职业需求。

第二，MCE 教学模式借助以网络慕课为代表的新媒体时代信息技术，包括其他形式的以英语为教学语言的专业基础在线课程，对大学英语教师的专业发展提出了更高的要求。教师要采取注册学习网络慕课的方式进行线上培训，提前选取一到两门与学生专业同类的专业基础课程，同时搜集并利用其他线上资源，完善自身专业知识结构。授课过程采用线上线下混合式教学，线上布置给学生慕课以及其他与其专业相关的网络视频学习资源等自主学习任务；线下课堂上根据学生自主学习的任务结合其他学习资料，与学生展开多种形式的课堂互动学习。在 MCE 教学模式下，教学活动重在鼓励学生通过所学目标语言进行思考和学习，学生在完成某一特定的学习任务时，自然地将听、说、读、写等语言技能结合起来。因此，从性质上来说，MCE 模式下的教学是一种交际性的语言教学方法。

三、实证研究设计

为了验证 MCE 教学模式的有效性，研究小组通过实践教学实验、问卷调查、访谈等

定性、定量的研究方法进行了小范围的实证研究。

（一）研究的问题

第一，MCE 教学模式是否对学习者个人因素，包括英语学习动机及英语学习策略产生影响，如果有影响，新的教学模式又是如何影响学习者的学习动机和学习策略的。

第二，MCE 教学模式是否会对学习者综合英语水平产生影响，如果有影响，具体对综合英语的哪些方面产生影响。

（二）研究对象

本项研究中的被试者是来自一所国内重点大学的 72 名医学专业的学生，实验开始时他们刚升入大学第四学期学习，并均已通过全国大学英语四级考试。实验学生被随机分为两组，实验组与对照组，各有 36 名学生，实验组开展 MCE 模式的语言教学，对照组仍以常规的大学英语教学模式进行教学。

（三）研究方式

实验过程包括定量研究和定性研究。定量研究包括一系列测试及问卷调查，以便从实验数据上分析 MCE 模式的外语教学对学习者学习动机、学习策略及学习者综合英语水平的影响作用；定性研究包含对 MCE 外语教学模式下的学习环境和学习过程的研究，以课堂教学研究、教学过程考察为基础，以便结合定量研究的数据结果进行分析讨论。

（四）实验课程内容与教学过程

在实验组中，课程内容为医学科普知识和简单的医学专业知识，涵盖当前医学热点问题和国外新医学观点、动态，教学内容的选取不限于课本，具有较强的灵活性，强调真实材料的应用和时效性，任课教师不再依赖于课本。教学过程中不过分关注语法或语言结构，更多关注的是语言学习材料的内容及学生的个人观点以及对事物的认知角度。课堂教学活动主要包括教师就某一主题的介绍、学生在自主预习的前提下就此主题进行的观点陈述、教师根据学生的陈述提出问题并进行小组讨论等。教学的目的是让学生在学习中获得真实、有意义的学科知识的同时，获得使用英语的能力。

对照组的课程为大学英语精读、泛读课程及听力课程，教学过程围绕课本展开，教学方法为语法—翻译与其他教学方法相结合的方法，课堂以教师讲解语法、词汇为主，同时结合少量的师生互动与听、说、读、写技能的训练，这也是目前国内英语教学的主流教学模式。

（五）实验结果及讨论

1. 学习动机得到提高

经过一个学期的学习，两个教学班级学生的学习动机都有了提高，但参加 MCE 语言教学模式的学生比在常规的大学英语教学班级的学生在学期末的动机测试中总体上表现出更强烈的学习动机，具体表现为在 MCE 教学班级中，学生学习英语的动机水平较实验前有了更大幅度的提高。

结合对学生的访谈及课堂观察的情况，分析产生这一结果的原因有如下几点。

（1）教学方式方法的创新，激发了学生自主学习的积极性

MCE 教学模式下，教师通过借助慕课平台上的资源，考虑学生的专业背景和兴趣所在，采取混合式教学，以循序渐进的方式，在慕课平台上选取课程的某些章节，让学生课下自学，然后课上展开班级讨论，将教师的讲解与视频相结合。教师兼顾基础英语巩固，同时开展 ESP 英语的学习，把重点放到行业领域的交际策略和技能上，训练学生的学术口语交流能力，帮助学生扩充包括专业词汇在内的英语词汇，熟悉学术英语的句法和篇章特点，为其双语课堂及专业英语的学习做准备。教师这种借助新媒体时代信息技术将语言教学与学科内容相融合的教学方式，使学生逐渐意识到语言学习的工具意义并对其产生了巨大的好奇，而正是这种好奇心推动了学生自主学习以及学生内在的学习动机。

（2）慕课在线学习的巨大挑战，激发了学生学习英语的动力

学生在慕课平台上听到的英文授课极大地挑战了其现有的英文水平，加上教师课堂上布置的结合线上慕课内容的作业，学生体会到了未来对英语的应用需求，也坚定了学好英语的信念。因此，我们可以初步得出结论：大学英语教学环境中借网络慕课平台实施以内容为依托的 ESP 外语教学模式，能有效提高我国英语学习者的学习动机。

MCE 教学模式以学生为中心，以学科知识为背景，注重学习过程中的体验，注重自主学习和独立思考能力的培养。课上教师将慕课资源与教学相结合，根据学生课堂表现及教学任务布置作业，课后学生借助慕课及其他网络资源自主学习，与教师的课堂教学形成互补。MCE 的教学模式丰富了学生语言的同时发展了其对信息的采集、识别、分析等能力。学用结合的机会不但增强了学生的学习兴趣以及学习上的自我管理能力，同时使学生的思辨能力得到了提高，使学生开始重新审视外语学习的方法与态度，采用更多的学习元认知策略、补偿策略和社交策略，从而实现了学生的学科知识和语言能力的共同提高的理想效果。

2. 学生总体英语水平显著提高

MCE外语教学模式和常规的大学英语教学模式都有助于学生总体的英语水平的提高。MCE外语教学模式提供了一种有利于语言习得的学习环境，其依靠网络资源使语言输入变得更加多样化、真实化，以学科内容为依托的英语教学为学生提供了更多的机会进行相互交流，激励了学生去学习学科内容和语言，学生的英语学习主动性有了实质的提高。学生通过接触学科知识和解决现实问题来提高语言水平，也提升了思维技能。

大学英语教学环境中借助以网络慕课平台为代表的新媒体时代信息技术，实施以内容为依托的ESP外语教学模式，能有效提高英语学习者的综合英语水平和思维能力，为他们学习学科知识打下了语言基础。该教学模式可以作为大学英语教学环境中众多教学方法中的一种选择，如果在大学英语教学环境中，MCE模式下的英语教学的一些条件能够得到满足（如开展教学前学习者的综合英语水平及教师知识结构），该教学方法将能体现出其无法替代的优势，帮助以英语为外语的中国语言学习者提高其英语水平，也帮助学生形成自主学习和自我管理的技能，这也必然会有益于学生的学科学习能力的发展。

慕课的兴起对我国乃至世界的教育体制、教育观念、教学模式和大学功能等产生深刻影响，对教育工作者而言，创新教育方法迫在眉睫。如何利用慕课优势，加强自身素养，并结合教学内容及教授方法进行大学英语教学改革的有益尝试是大学英语教师努力的方向。

第七章 英语多媒体素材准备与课件制作

第一节 英语多媒体素材的获取与加工

一、文本素材的获取与加工

文本在多媒体素材中是最常用的。在高校英语教学中，文本可用于概念、定义、规则等的阐述和课文的重现等，课件的标题、菜单、按钮、导航等都以文本信息为主。文本在课件中起到相当于传统教学过程中板书、重点提示的作用。

课件的文本素材是根据教学需要编写的，多来源于教材、教案和参考书。

对于手写的文本素材，可通过键盘输入、手写板写入或语音录入技术获得；对于采用标准印刷体的资源，可利用扫描仪进行扫描和存储，并利用光学字符识别软件（OCR 软件）处理；如果文字量较大，可在一些电子书或互联网网页中采用复制、粘贴的方法获取，也可利用“保存网页”的方法将所需内容保存下来。

文本素材的加工一般在文字处理软件中进行，如常用的 Microsoft Office Word、WPS、Open Office Writer 等软件。这些软件能够实现艺术字和变形文字等特殊效果。一些复杂的文字特效需要使用专门的工具来制作完成，如利用 Flash 和 Photoshop 等软件可将文字以图像的方式呈现。

二、图形 / 图像素材的获取与加工

图形、图像是学习者较易接收的信息表达方式，它所承载的信息量远远大于文本，是课件很重要的媒体素材。

在英语教学中，图形、图像不仅能够调动学习者学习的积极性，也能使学习者对学习内容，尤其是平常不太了解的国外文化等内容有一个感性的认识。

（一）图像素材的获取

教学资源中的图像按用途可分为背景图、按钮图和与教学内容相关的图。获取图像

一般有以下方法：

1. 从素材光盘中获取

现在市场上有多种图像素材光盘，教学用的背景图可以在素材光盘中网页素材的背景图中寻找，按钮图可在网页素材的按钮类图中获得；光盘中的插图、标志、纹理材质、风光照片等图像均可在教学中使用。

2. 从教学资源库或电子书中获取

目前，学校常用的教学资源素材库及电子书中，都能找到相当一部分与教学内容相关的图像素材。

3. 网上查找

网络是一个巨大的资源库，充分利用网络能查找到大量的图片素材。如果希望得到特定的信息，并且知道相应的标题或短语，那就要使用搜索引擎了。搜索引擎将不间断地访问因特网站点，以便生成符合要求的网站目录。在大多数情况下，搜索引擎是用来查找明确信息的最佳手段，如已知的文档、短语、图片、音乐、影视或新闻等。常用的搜索引擎有两种，即：Google：http：//www. google. com. hk；百度：http：//www. baidu. com。

例如，用 Google 搜索引擎，在搜索栏中输入关键字，如“carnival mask”，单击“Google 搜索”按钮及“图片”选项后，屏幕上就会出现各种有关“carnival mask”的图像。其中，“1600×1600-276k-jpg”表示的是这个图像大小为 1600×1600 像素，276k 表示此图占用的空间，jpg 表示图片文件的格式。

选择好合适的图片后，点击缩略图进入含有图片的真正网页。如果该网页上的文件符合要求，可以利用“右键—图片另存为”的方法将其保存下来。如果这个图片是网页背景，则须选择“背景另存为”。

4. 利用数码相机直接拍摄照片

用数码相机直接拍摄是获得图像比较方便的方法，随着数码产品价格的不断下降，数码相机也逐步进入人们的学习、工作与日常生活中。教师可以用手中的数码相机或有此功能的移动通信设备直接拍摄有用的资料。当拍摄和人有关的资料时，应征得被拍摄者的同意。

5. 利用扫描仪获取

可利用扫描仪将一些照片、印刷品上的图片变成数字图像输入计算机中。在传统教学中，课本、照片、杂志、宣传画、教学挂图是常见的承载图像的媒体，要想将这些图像输入计算机中供课件制作使用则需借助扫描仪。使用平板扫描仪在许多方面很像使用复印机，有多种图像浏览和处理软件（如 ACDSee、Adobe Photoshop 等）都可以调用扫描仪驱动程序从而获取图像信息。一般经过预扫、确定扫描区域、正式扫描、保存扫描信息四个步骤后，即可得到扫描对象的数字图像信息。

6. 利用抓图软件获取

利用软件在课件资源或浏览的网页上直接抓取所需的图片。可利用 Snag It、Hyper Snap-DX、Captivate 或者 Capture Professional 等屏幕抓取程序，方便地捕捉屏幕显示的内容，并将其保存为图像文件。

7. 直接创作

在图像处理软件中直接创作自己想要的图像。

（二）图形、图像素材的加工

以上途径获得的图像，往往不能直接使用（如图上有不需要的文字等），这就需要教师针对自己的教学实际对图像进行处理。图形、图像编辑软件很多，比较专业的软件有 Photoshop、Fireworks、Corel DRAW 等，还有一些课件制作工具（如 MS Power Point）也提供常用图形的制作和基本的图像编辑功能。Photoshop 是目前最为普及的图片素材编辑处理软件，因其功能完善、性能稳定、使用方便而经常被用于图像素材的编辑，其具体图像处理与加工方法在此不做详细叙述。

三、音频素材的获取与加工

在英语教学中，除了运用语音实验室，还可合理地将音频素材运用到多媒体课件中，如语音纯正的解说、恰到好处的音乐烘托、突出重点内容的音效，不仅能更好地表现教学内容，还能吸引学生的注意力，增强其学习兴趣。

（一）音频素材的获取

音频（Audio）资源一般为语言、背景音乐和效果音乐。可以通过以下途径获取。

一是从专业的音频素材光盘或 MP3 素材中获取背景音乐和效果音乐。

二是在资源库中查找。很多教学资源库中都可以找到高校教材的大多数内容。

三是网上查找。

四是从 CD、VCD 中获取声音文件。如用“暴风影音”可将 CD 的音频用播放器播放，再根据需要决定是否转成其他格式。

五是从现有的录音带中获取。方法是用音频线从录音机线路输出，再从声卡的线路输入口输入，然后设置成线路输入录音，最后打开附件中的录音机进行录音，再保存在相应位置。

六是从课件中获取。大多数课件中的声音文件都放在 wav 文件中，从中可以找到所需的声音。

七是进行原始创作，可以把 Windows 操作系统附件中的录音机设置成麦克风输入，把麦克风插头插入声卡的 MIC 插孔，然后进行录音。

（二）音频素材的加工

音频素材的加工一般包括对音频的剪辑、改变音量、文件混合等。随着计算机硬件的不断升级和计算机数量的不断普及，编辑音频已经成为众多音频制作爱好者所能轻易完成的任务，而选择既专业又容易上手的软件可以使编辑音频的效率大大提高。如前身为 Cool Edit Pro 的 Adobe Audition 就提供了专业音频编辑和混音环境，可提供先进的音频混合、编辑、控制和效果处理功能。

四、视频素材的获取与加工

在人的所有感官中，视觉和听觉最为重要。如果媒体素材能使直观的图像与生动的语言结合，不仅能在课堂上创造出一种语境氛围，激发学生耳目并用，进行“听、说、读、写”，还能加深对语言的领悟。视频是现今多媒体备课中不可缺少的素材。

（一）视频素材的获取

视频（Video）资源主要从资源库、电子书籍、课件及录像片、VCD/DVD 中获取。资源库、电子书中的视频资料可以直接调用；课件中的视频文件一般也放在格式为“.exe”的可执行文件之外，可直接调用。视频文件获取的最可靠方法是用采集卡进行采集，最方便的方法是利用“超级解霸”等软件进行采集。

教师可以使用数字录像机（DV）、数码相机等将教学过程录像，然后直接将这些录像获得的视频文件保存在计算机上，供教学使用。对于那些过去的模拟录像带上保存的录像，则需要经过较为专业的处理（例如通过视频采集卡）才能转换为计算机中的视频文件，可以直接用相应的播放器播放。教师也可将网络上搜索到的视频文件下载保存，供以后使用。

（二）视频素材的加工

视频素材的处理主要有三个方面，一是对视频进行部分截取，二是把部分视频素材连接在一起，三是进行文件格式的转换。

如果在网上获取的视频资源不符合教学要求，那么还要对这些视频信息进行加工。如果只是进行简单处理，则利用“超级解霸”即可。

例如，用超级解霸截取视频中的一个片段，操作步骤如下。

第一步：运行超级解霸，播放下载的视频资源。

第二步：看到要截取的那一段时，选中工具栏上的“循环”按钮，并选择起始点和终止点。

第三步：按下“MPG”按钮，超级解霸就会弹出保存文件对话框。

第四步：输入文件名，并单击“保存”按钮即可把当前区域保存为 mpg 文件了。而现在比较常用的绘声绘影（Ulead Video Studio）是友立公司出品的一款视频处理软件，其操作界面简单，功能完整。不论是视频编辑的初学者，还是专业编辑人员都可以利用它来编辑处理各种视频文件。这款软件在广大教师中应用也较为广泛，如可用来调节视频亮度、光影，为视频添加滤镜特效等。

第二节　英语多媒体课件制作与使用

一、什么是多媒体课件

多媒体课件是以现代教学思想为指导，以计算机、多媒体和通信技术为支撑，具备一定教学功能的，以学习者为中心的多媒体计算机辅助教学软件。它的主要教学功能表现在图文声像并茂、信息资源丰富、交互环境友好，能够激发学生多种感官、调动学生主观能动性、优化学习环境。

对于多媒体课件，可以从使用环境（单机、网络）、使用对象（助学、助教）、内容与作用（课堂演示、模拟实验、训练复习、资料、工具）、表现形式（演示、交互）等多个角度进行分类。一个优秀的课件通常需要综合不同类型的课件优势，以达到预期的教学效果。目前，常用的多媒体课件主要有 PowerPoint 演示型课件、Flash 交互型课件和 Dreamweaver 网络型课件。

二、多媒体课件的设计与制作过程

教师通常既是课件的设计者，也是课件的使用者。因此课件的设计开发过程，就是课件的设计者把自己对于教学的想法，包括教学目的、教学内容、教学策略、控制方法等用计算机程序进行描述，经过调试成为可以运行的程序。总之，多媒体课件的制作是一个创作过程，课件开发过程如下。

（一）选择课题，确定教学目标

在高校英语教学中，无论哪个主题，一般都可以实施多媒体辅助教学。但是课件的选题应该选择教学活动中学习者不容易理解的教学重点和难点内容，这些知识点在教师教学过程中，用传统的方式难以表达清楚。而对于那些常规教学方法容易达到的教学目的，其教学内容就没有必要使用计算机来进行辅助教学，是因为那样会造成人力、财力的浪费。相反地，像听力理解等内容，需要反复练习，所以在条件允许的情况下有必要利用多媒体进行辅助教学。

（二）进行教学设计及课件总体风格设计

1. 教学设计

在多媒体教学课件的设计与制作中，教学设计是关键环节，是教学思想的具体体现。设计者应根据教学目标、教学内容和学习对象的特点，分析教学中的问题和需求，确定课件解决问题的有效步骤，合理地选择和组织教学媒体和教学方法，根据教学媒体设计适当的教学环境，安排教学信息与评价的内容及方式，以及人机交互的方式等。

首先，任何类型的课件都是教学内容和教学策略两种信息的有机结合，因而课件设计中教学策略的制定要根据已确定的教学目标和教学内容，选择多媒体课件中使用的教学方法，即选择多媒体课件类型。例如，如果教学目标是讲解规则、概念等，宜采用课堂演示型；如果教学目标是情感的培养，则可采用情境型；如果加强某类技巧与能力，可采用训练复习型。其次，要考虑学生的特征。大学阶段的学生适合选择自主学习型和资料、工具型课件。

2. 课件总体风格设计

课件总体风格是课件整体所呈现出来的代表性特点，是特定的教学内容与表现形式相统一而形成的一种特定风貌。影响课件总体风格的因素主要有课件的类型（课堂演示型、游戏型等）、课件的内容（文科、理科、艺术类等）、课件的结构、色彩基调等。课件总体风格设计包括界面内容设计、界面结构设计、色彩运用和课件结构等方面。

（三）编写课件脚本

对多媒体课件设计阶段的结果进行描述的工具就是脚本，课件的脚本设计类似影视剧的“编剧”，包括课件内容如何安排、声音如何表现和搭配、是否需要加入动画或视频、加在什么地方、课件如何与学习者交互等。可以说，脚本设计是整个课件制作的核心。比较专业的课件制作，脚本通常分为两种：一种是文字脚本，另一种是制作脚本。

文字脚本由教师根据教学要求对课件所要表达的内容进行文字描述，一般包含课件名称、教学目标、重点难点、教学进程、教学流程、媒体运用、课件类型和使用时机等。

制作脚本是在文字脚本的基础上编写的，将文字脚本改编成适合计算机网络媒体表现的形式，如交互界面、媒体表现形式、内容呈现顺序、效果和导航等。一般情况下，教学流程的每一个子项的制作脚本包含界面布局、界面说明、屏显内容、屏显类别、屏显时间、交互控制、配音及配乐。制作脚本是制作多媒体课件的直接依据，制作人员依据制作脚本来制作课件。

（四）搜集媒体素材，制作合成课件

搜集素材应根据脚本需要来进行。

多媒体课件的核心环节是制作合成。PowerPoint、Authorware、Flash、Dreamweaver等多媒体创作工具都可以将多种素材合成，且操作灵活、视听效果好。教师可以针对课件结构和课件素材的特点选择一种自己擅长的、便捷的制作工具。

（五）修改调试运行，试用鉴定推广

课件制作完成后，要经过多次调试、试用、修改、完善，才能趋于成熟。这也是非常重要的一个环节，是确保课件质量的最后一关。

参 考 文 献

[1]（英）A.P.R. 豪厄特，（英）H.G. 威多森 . 英语教学史 [M]. 北京：商务印书馆，2016.

[2] 赵义森，李广荣，常爱民，王晓英，刘文现，王月等 . 英语教学与翻译研究 [M]. 北京：光明日报出版社，2016.

[3] 徐晶，何力，童美茹 . 英语教学与文化视角 [M]. 北京：光明日报出版社，2016.

[4] 王新然 . 英语教学与语境的研究 [M]. 长春：吉林大学出版社，2016.

[5] 章兼中 . 英语教学模式论 [M]. 福州：福建教育出版社，2016.

[6] 高峰 . 初中英语教学策略 [M]. 北京：中国书籍出版社，2016.

[7] 黄建滨 . 英语教学理论系列：中小学英语教学研究方法 [M]. 杭州：浙江大学出版社，2016.

[8] 卜玉华 . 英语教学改革指导纲要 [M]. 福州：福建教育出版社，2016.

[9] 姜伟杰 . 商务英语教学理论研究 [M]. 长春：吉林大学出版社，2016.

[10] 汪玥月 . 英语教学与跨文化交际 [M]. 长春：吉林大学出版社，2016.

[11] 杨阳 . 英语理论与英语教学 [M]. 成都：电子科技大学出版社，2017.

[12] 方燕芳 . 英语思维与英语教学 [M]. 成都：电子科技大学出版社，2017.

[13] 肖婷 . 多元文化与英语教学 [M]. 天津：天津科学技术出版社，2017.

[14] 张雯，吴希博 . 英语教学策略论 [M]. 北京：中国言实出版社，2017.

[15] 李红霞 . 大学英语教学研究 [M]. 天津：天津科学技术出版社，2017.

[16] 鲁萍 . 英语教学与翻译研究 [M]. 北京：光明日报出版社，2017.

[17] 邓红英，聂俊俊，李兰杰 . 英语教学研究 [M]. 北京：经济日报出版社，2017.

[18] 夏鹏铮 . 英语教学语言艺术 [M]. 长春：吉林大学出版社，2017.

[19] 吴迪 . 英语教学评价 [M]. 延吉：延边大学出版社，2017.

[20] 仇桂珍，张娜 . 英汉翻译与英语教学 [M]. 成都：电子科技大学出版社，2017.

[21] 黄建滨 . 英语教学理论系列：中小学英语课程标准分析 [M]. 杭州：浙江大学出版社，2018.

[22] 王二丽 . 英语教学论 [M]. 北京：新华出版社，2018.

[23] 唐俊红 . 互联网 + 英语教学 [M]. 北京：新华出版社，2018.
[24] 高雅平 . 实用英语教学 [M]. 北京：中国纺织出版社，2018.
[25] 饶晓丽 . 英语教学与文化交流 [M]. 长春：吉林大学出版社，2018.
[26] 李向武 . 少儿英语教学技能 [M]. 成都：西南交通大学出版社，2018.
[27] 李静纯 . 英语教学的艺术探究 [M]. 南宁：广西教育出版社，2018.
[28] 吴雨宁 . 英语教学与评价 [M]. 北京：九州出版社，2018.
[29] 朱金燕 . 大学英语教学改革探索 [M]. 武汉：中国地质大学出版社，2018.
[30] 杨海芳，赵金晶 . 多元文化与当代英语教学 [M]. 天津：天津科学技术出版社，2018.
[31] 王岚，王洋 . 英语教学与英语思维 [M]. 长春：吉林人民出版社，2019.
[32] 李朝侠 . “雅慧”小学英语教学 [M]. 长春：吉林人民出版社，2019.
[33] 何冰，汪涛 . 翻转课堂与英语教学 [M]. 长春：吉林人民出版社，2019.
[34] 杨艳 . 英语教学创新研究 [M]. 长春：吉林人民出版社，2019.
[35] 刘燕 . 文化与大学英语教学 [M]. 北京：科学技术文献出版社，2019.
[36] 曲业德 . 高中英语教学实践创新 [M]. 北京：现代出版社，2019.
[37] 余玲 . 文学翻译与大学英语教学 [M]. 北京：原子能出版社，2019.
[38] 杨公建 . 英语教学与第二语言学习 [M]. 长春：吉林人民出版社，2019.
[39] 丁睿 . 大学英语教学发展研究 [M]. 长春：吉林人民出版社，2019.
[40] 温建平 . 商务英语教学与研究（第 6 辑）[M]. 上海：上海外语教育出版社，2019.